현장 중심의

성상담과 성교육

현장 중심의

성상담과 성교육

counseling & education for human sexuality

김요완 지음

교문사

PREFACE
머리말

가정에는 성과 관련하여 어려움을 경험하는 가족 구성원들이 있을 수 있다. 성 관련 의사소통과 성지식의 부족으로 갈등을 경험하는 부부, 성폭력 피해에 노출되어 심리적 외상을 경험한 딸, 적절한 성교육을 받지 못하고 인터넷 등으로 왜곡된 성지식만을 탐닉하는 아들 등이 있을 수 있다. '이런 일은 나에게, 우리 가족에겐 없겠지.'라고 기대하고 소망하지만, 때로는 이러한 일이 나에게, 우리 가족에게 일어날 수 있다.

성상담이라고 하면 부부·가족 상담을 할 때 접할 수 있는 부부 성상담, 성폭력 상담, 성교육을 포함한 개념이다. 이 세 가지 분야의 상담을 부부·가족 상담에서 모두 다룰 경우도 있고, 각각의 주제 중 한 주제를 집중해서 다룰 수도 있다.

본서에서는 부부·가족 상담을 할 때 접할 수 있는 성과 관련한 주제를 고려하여 총 3부로 구성하였다. 제1부는 부부 성상담을 중심으로 한 '성상담'을, 제2부는 성폭력 가해 및 피해 상담을 중심으로 한 '성폭력 상담'을, 제3부는 발달 주기별 강조해야 할 '성교육'을 다루고 있다.

본서를 읽기를 기대하는 독자는 부부·가족상담 전문가들이다. 이 분야의 심리상담 전문가들이 성과 관련한 문제를 상담하면서 내담자에게 구체적으로 어떻게 반응을 해야 할지 알 수 있기를 바란다. 특히 심리상담 전문가로서 알아야 할 상담심리학적 지식, 의학적 지식, 법률적 지식들이 정리되어 있으므로 본서를 통해 배운 지식들이 실제 상담 장면에서 활용될 수 있기를 바란다.

또한 본서를 보기를 기대하는 독자는 성에 관해 문제를 안고 있는 가족의 구성원들이다. 본서의 내용들을 통해 그동안 잘못 알고 있었던 성지식이 수정되어 관계가 회복되는 경험을 하기 바라고, 특히 성폭력 피해로 고통 받고 있는 가족구성원들이 음지, 혼자 있는 외로운 곳에서 전문가의 도움을 받을 수 있는 곳으로 뛰쳐나오길 바란다. 또한 개인의 발달 단계에서 필요한 성지식을 알게 되고 가족 간에 성과 관련한 주제를 이야기함으로써 가족 간의 대화가 한층 더 깊이가 깊어지고 폭이 넓어지기를 기대한다.

끝으로, 본서가 나오게 해 주신 하나님께 감사드리고 아내에게 미안함과 고마움을 전한다. 특히 학자의 길을 걷도록 도움을 주신 연문희 교수님께 깊은 존경을 표한다. 그리고 본서가 나올 때까지 많이 기다려 주시고 지원해 주신 교문사 관계자께 깊은 감사를 전한다.

2013년 5월
미아동에서
저자 김 요 완

CONTENTS
차례

머리말 iv

PART 1 성상담

CHAPTER 1 성상담의 정의 2

CHAPTER 2 성과 관련한 상담이론 10

CHAPTER 3 성지식 테스트 16

CHAPTER 4 성기능에 대한 오해 24

CHAPTER 5 성기관에 대한 오해 38

CHAPTER 6 피임에 대한 잘못된 지식 52

CHAPTER 7 성병 64

CHAPTER 8 만족한 성교를 위한 조언 74

CHAPTER 9 성 관련 장애에 대한 이해 86

CHAPTER 10 성 의사소통 98

CHAPTER 11 성상담 과정 110

CHAPTER 12 이혼에 이르는 과정에서 성행위의 의미 116

PART 1 부부 성상담을 마치며 124

PART 2 성폭력 상담

CHAPTER 13 성폭력에 대한 이해 126

CHAPTER 14 성폭력 피해자 상담 142

CHAPTER 15 성폭력 가해자 상담 162

CHAPTER 16 성폭력 피해자 지원을 위한 초기 면접 170

PART 2 성폭력 상담을 마치며 177

PART 3 성교육

CHAPTER 17 아동기 성교육 180

CHAPTER 18 청소년기 성교육 192

CHAPTER 19 성인기 성교육 200

PART 3 성교육을 마치며 210

부 록 211

찾아보기 226

counseling & education for human sexuality

PART 1

성상담

CHAPTER 1 성상담의 정의

CHAPTER 2 성과 관련한 상담이론

CHAPTER 3 성지식 테스트

CHAPTER 4 성기능에 대한 오해

CHAPTER 5 성기관에 대한 오해

CHAPTER 6 피임에 대한 잘못된 지식

CHAPTER 7 성병

CHAPTER 8 만족한 성교를 위한 조언

CHAPTER 9 성 관련 장애에 대한 이해

CHAPTER 10 성 의사소통

CHAPTER 11 성상담 과정

CHAPTER 12 이혼에 이르는 과정에서 성행위의 의미

CHAPTER 1

성상담의 정의

핵심단어 성상담, 성, 성교, 성행위, 성정체감, 사랑의 3요소

개 요 성상담은 일반 심리상담과는 달리 심리상담적 접근, 교육적 접근, 의학적 검사와 진단이 함께 이루어지는 상담이다. 성상담은 상담이론이라고 할 수 없지만, 여러 상담이론에서의 기법이 활용되고 의학적 지식에 기반한 교육이 상담의 중요한 과정으로 포함된다. 성상담 중에서 본서에서는 부부 성상담, 성폭력 피해상담, 성교육에 대해 다루려고 한다. 성상담을 하기 위해서는 성과 관련한 용어를 정확히 인식할 필요가 있는데, sex, sexual identity, gender identity, sexual intercourse, sexual behavior에 대한 명확한 인식이 필요하고 사랑의 3요소에 대한 인식이 필요하다.

1. 성상담의 정의와 특징

성상담은 성과 관련한 주제를 가지고 심리상담을 하거나 교육을 하는 행위를 말한다. 따라서 성상담의 주제는 성, 성문제, 성장애, 성지식이고, 성상담의 대상은 이러한 성 관련 문제로 어려움을 경험하는 개인, 커플(couple), 부부 등이다.

성상담은 심리상담 이론의 한 부분이라고 말하기 곤란하다. 그 이유는 심리상담 '이론'이라고 하면, 특정 상담기법으로 여러 대상에게 적용할 수 있어야 하지만, 성상담은 특정 대상에게만 적용할 수 있기 때문이다. 하지만 성상담을 하는 데 있어 행동주의적 상담이론, 인지행동주의적 상담이론, 인간중심 상담이론, 게슈탈트(Gestalt) 상담이론, 고전적 정신분석학적 상담이론, 대상관계 상담이론 등에서의 상담기법이 활용되고, 특히 심리상담적인 기법 외에 교육적인 활동이 강조된다. 이러한 상황에서 성상담 전문가는 심리상담 전문가로서 여러 상담이론을 두루 활용할 수 있어야 하고, 성 관련 의학적 지식을 교육하는 교육 전문가로서의 역량이 필요하다.

일반적인 심리상담 과정에서는 언어적 치료(verbal therapy)가 주된 행위인 것에 반해, 성상담에서는 심리상담 외에 교육도 중요한 부분을 차지한다. 특히 의학적인 검사와 진단을 병행해야 하는 것에서 일반 심리상담과 큰 차이가 있다. 즉, 성상담의 대상은 기본적으로 성과 관련한 문제를 경험하는 것이 전제가 되는데, 성과 관련한 문제는 심리적인 문제뿐만 아니라 신체적인 문제와도 밀접한 관련이 있기 때문이다. 따라서 성과 관련한 문제, 특히 성기능과 관련한 문제로 상담을 받고자 한다면, 상담가는 내담자가 신체적 기능에서 이상이 없는지 의학적 검사와 진단을 받게 한 후, 이상이 없는 것을 확인하고 심리상담적 접근을 할 필요가 있다. 의학적 검사와 진단을 통해 이상이 발견되었다면 심리상담적 접근보다는 의학적 처치와 치료를 제공하여 신체적 기능을 회복하는 것이 우선적으로 필요하기 때문이다.

2. 성상담의 주제와 대상

성상담의 주제는 성과 관련한 문제이다. 예를 들면, 성기능 장애와 관련한 기능 회복의 문제, 성기능 장애와 관련한 부부갈등의 문제, 성 관련 오해로 인한 개인의 불안 문제, 성 관련 오해로 인한 부부갈등의 문제, 성 정체감과 관련한 문제, 성교육과 관련한 주제, 성폭력 피해 또는 가해와 관련한 문제 등이 성상담의 주제가 될 수 있다.

이러한 주제로 부부, 청소년, 성폭력 피해자 등을 대상으로 심리상담과 교육을 할 수 있는데, 대상에 따라 성상담을 커플(couple) 성상담, 부부 성상담, 청소년 성상담, 성폭력 피해 상담 등으로 나눌 수 있다. 본서의 전반부에서는 부부를 대상으로 하는 부부 성상담을 중점적으로 다루려고 하고, 후반부에서는 성폭력 상담과 성교육을 다루려고 한다. 많은 성상담의 종류 중에 부부 성상담을 중점적으로 다루려고 하는 이유는 청소년을 대상으로 하는 성상담과 교육은 학교를 중심으로 많은 연구와 시도가 있어 왔으나 성인 부부를 대상으로 하는 성상담과 교육을 지속적으로 시행하는 기관은 많지 않기 때문이다. 특히 부부간의 성 문제는 한국적인 정서상 비밀을 유지하려고 하고 상담전문가 앞에서 공개하기를 꺼리기 때문에 부부간에 성문제가 발생하였을 때 전문가의 도움을 받기보다 스스로 해결하려고 하여 더 심각한 문제를 야기한다. 따라서 본서를 통해 부부들은 자신들의 성문제를 어느 정도 이해하고 스크리닝(screening)할 수 있을 것이며, 이를 통해 문제가 있다는 것을 인식하면 전문가를 찾아갈 수 있는 용기가 생길 것이다.

3. 성과 관련한 용어

'성(性)'이라는 단어를 접하면 많은 경우가 성교(性交, sexual intercourse)를 연상한다. 이로 인해 성행위를 성교로만 축소 인식하는 폐단이 발생한다. 따라서 성과 관련한 다양한 용어를 살펴보고 구체적인 단어를 사용함으로써 상호간의 오해를 최소화할 필요가 있다.

성은 영어의 sex를 번역할 때 많이 사용되는 단어인데, sex는 라틴어 sexus에서 유래되었다. 이는 여성과 남성의 '나눔'을 의미하는 단어로, 성은 여성, 남성과 같은 성의 구분을 의미한다. 성의 구분은 신체적 성 정체성에 따른 구분과 심리적·문화적 성 정체성에 따른 구분으로 나눌 수 있다. 신체적 성 정체성은 섹슈얼 아이덴티티(sexual identity)로, 심리적·문화적 성 정체성은 젠더 아이덴티티(gender identity)로 표현할 수 있다.

일반적으로 성교의 의미로 사용하는 성은 영어의 섹슈얼 인터코스(sexual intercourse)를 말하는 것으로, 이는 남성과 여성의 성기관의 삽입을 의미한다. 유사한 말로 성관계가 있다. 또한, 성교에는 성기관의 삽입 외에 성기와 구강과의 접촉인 구강성교, 항문과 성기·구강 간의 접촉인 항문성교 등이 있다. 또한 성교를 포함하여 입맞춤, 포옹, 피부접촉 등의 성적인 행동 전반을 성행위(sexual behavior)라고 한다.

이를 종합할 때, 성과 관련한 용어는 성의 구분을 나타내는 sex, 남성과 여성의 정체감을 나타내는 sexual identity, gender identity, 성교를 나타내는 sexual intercourse, 성행위를 포괄적으로 일컫는 sexual behavior 등이 있다. 따라서 성상담을 할 때 내담자에게 성과 관련한 질문을 할 때에는, '잠자리', '사랑' 등의 모호한 용어 사용을 지양하여 상담자가 질문한 행위를 내담자도 분명히 인식하고 대답할 수 있게 해야 한다. 또한, '성행위 = 성교'라는 인식이 변화되고 확장되어 성교 외에도 입맞춤, 피부접촉, 눈맞춤, 포옹, 손잡음 등의 성적 행동이 있고 이 성적 행동의 중요성이 강조될 필요가 있다.

4. 성과 사랑

성교를 포함한 성행위를 하기로 결심할 때에 많은 경우는 사랑을 전제로 하지만, 사랑이 전제되지 않은 매춘, 성폭력 등의 행위도 있다. 본서에서는 부부상담에 적용할 수 있는 내용에 한정하여 성행위를 사랑을 전제로 한 행위로 한정하려고 한다.

성행위를 하기 위해서는 자신이 상대방을 얼마나 사랑하는지 인식하는 과정이 필요한데, 이를 통해 합리적인 성행위 의사결정을 할 수 있다.

철학자, 심리학자, 사회학자, 정신분석학자 등 다양한 분야의 전문가들이 사랑을 정의하기 위해 시도하였다. 이 중, Sternberg(1986)의 사랑의 3요소를 소개하고자 한다. Sternberg(1986)는 사랑의 삼각이론을 주장하면서, 사랑에는 친밀감(intimacy), 열정(passion), 결심/관계지속(decision/commitment)[1]과 같은 구성요소가 있다고 하였다.

---

[1] 역서마다 본 단어를 결정, 언약, 헌신, 책임 등으로 번역하고 있는데, 본 저자는 원서의 decision/commitment의 의미를 고려할 때, '결심/관계지속'이라고 표현하였다.

그림 1-1 Sternberg의 사랑의 3요소(Sternberg, 1986, p.129)

친밀감은 정서적으로 서로에게 따뜻한 느낌, 친근한 느낌을 갖는 것을 말한다. 열정은 심리적, 육체적으로 흥분을 느끼는 것을 말하며, 결심/관계지속은 상대방에 대해 책임감을 느끼고 관계를 지속하려고 노력하는 것을 말한다. 이를 그림으로 표현하면 그림 1-1과 같다.

이러한 세 가지 요소가 조합되어 다음과 같은 사랑의 종류를 구성할 수 있다. 3요소가 전혀 없는 상태를 무애(non-love), 친밀한 느낌은 있으나 열정과 결심/관계지속이 없는 상태를 호감(liking)으로 정의할 수 있다. 열정만 있고 친밀감이나 결심/관계지속이 없는 상태를 사랑의 열병(infatuation)으로, 관계에서 친밀감과 열정은 없이 결심/관계지속만 있는 상태를 공허한 사랑(empty love)으로 정의할 수 있다. 친밀감과 열정이 조합된 경우를 낭만적 사랑(romantic love)으로 정의할 수 있는데, 이것은 결심/관계지속과는 관련 없는, 현실성이 떨어진 사랑을 의미한다. 친밀감과 결심/관계지속이 조합된 경우, 즉 동창회 내에서의 관계와 유사한 상태를 우애적 사랑(companionate love)으로 정의할 수 있고, 열정과 결심/관계지속이 조합된 경우, 즉 열정적인 관계만을 지속하려고 하는 집착적인 사랑을 어리석은 사랑(fatuous love)으로 정의할 수 있다. 사랑의 3요소가 모두 조합된 경우는 완전

한 사랑(consummate love)으로 정의할 수 있다.

부부상담을 할 때, 원치 않은 결혼을 했다고 하면서 그 이유로 원하지 않던 임신을 하게 된 사실을 듣는다면, 상담자로서 성교를 한 당시의 부부의 심리상태와 사랑의 종류에 대해 파악해 볼 필요가 있다. 이를 통해 원치 않은 성교를 하게 된 심리적 배경을 이해할 수 있다. 예를 들면, 상대방은 관계를 지속할 의향이 없는 상태, 즉 '결심/관계지속'이 제외된 낭만적 사랑(친밀감 + 열정)의 상태였으나 한 쪽이 일방적으로 성교를 통해 관계를 지속하려고 했던 이유, 관계의 지속성에 대해 불안했던 이유를 파악해 본다면 내담자의 불안 원인과 가족 내에서의 상호작용을 이해할 수 있다.

또한, 현재 교제를 하고 있는 상황에서 얼마나 성교를 할 준비가 되어 있는가 등에 대한 심리상태를 사랑의 종류에 근거하여 파악할 수 있다. 얼마나 상대방을 좋아하고 친밀감을 느끼고 있는지, 상대방에 대한 열정이 있는지, 관계는 지속 가능하고 자녀를 낳아도 책임을 질 수 있는 상황인지, 즉 사랑의 3요소가 자신 안에 모두 존재하고 확신이 있는지 고민할 필요가 있다. 그런 확신이 없이 3요소가 골고루 없는 상태에서 친밀감을 증진시킬 목적이나 관계를 유지하려는 목적으로, 혹은 얼마나 열정적인 관계인지를 확인하기 위해서 성교가 수단으로 사용된다면 건강한 사랑을 기반으로 하지 않은 성교가 될 수 있으므로 관계 초기부터 갈등 요소로 작용할 수 있다.

● 생각해 보기

1. 성과 관련한 다양한 단어는 무엇이 있는가?
2. '성교'라는 단어를 접했을 때 자신에게 연상되는 행위는 무엇인가?
3. 성교의 경험이 있다면, Sternberg(1986)의 사랑의 3요소 중 어떤 요소를 채우기 위해 성교를 하였는가?
4. 성교의 경험이 없다면, Sternberg(1986)의 사랑의 3요소 중 어떤 요소를 채우기 위해 성교를 하고 싶은가?

참고문헌

Sternberg, R. J. (1986). A triangular theory of love, *Psychological Review, 93*, 119–135.

CHAPTER 2

성과 관련한 상담이론

● **핵심단어** 고전적 정신분석학, 대상관계 이론, 공생, 분리-개별화, containing, holding, secure base

● **개 요** 성과 관련한 상담이론은 대표적으로 프로이트의 고전적 정신분석학과 대상관계 이론이 있다. 고전적 정신분석학에서는 인간의 기본 욕구를 성적 욕구의 충족이라고 보았는데, 이는 성교를 통한 만족뿐만 아니라 모든 신체의 접촉을 통한 만족과 관련이 있다. 이에 비해 대상관계 이론은 인간의 기본 욕구를 대상과 관계를 하고자 하는 욕구로 보았다. 이에 근거하면 대상과 성행위를 하고자 하는 욕구도 대상과 깊은 관계를 하고자 하는 욕구를 충족시키기 위한 과정이 된다. 대상과의 성행위를 통해 신체적, 정서적 일치감을 경험하면서도 다시 분리될 수 있는 경험도 할 수 있으며, 퇴행적이고 원초적인 행위를 하면서도 수용되고 받아들여지는 안정감을 경험할 수 있다.

1. 고전적 정신분석학

정신분석학은 지그문트 프로이트(Sigmund Freud)가 자기 자신을 정신분석하며 태동하였다. 프로이트를 중심으로, 프로이트가 살아 있는 동안 주장했던 정신분석 이론을 고전적 정신분석학이라고 한다. 고전적 정신분석학에서는 인간의 의식이 무의식, 전의식, 의식의 세 층으로 이루어져 있다는 지형학적 이론과 인간의 성격이 원욕(id), 자아(ego), 초자아(superego)로 구성되어 있다는 구조이론이 중요하게 다루어졌다.

프로이트는 정신분석 이론을 주장한 초기에 신경증 환자들을 정신분석하면서, 어린 시절에 성적 유혹을 받고 성적 욕구를 감당할 수 없어서 억압함에 따라 신경증이 발병한다고 가정하였다. 그러나 프로이트는 자기 자신을 분석하면서, 자신은 성적 유혹을 경험하지 못하였음에도 불구하고 성적 욕구를 경험한 것을 발견하였다. 이를 토대로 프로이트는 신경증 환자들이 이야기하는 성적인 유혹이 실제 존재하는 사건이 아니라 성적인 환상과 소망에 근거한다고 가정하면서, 본능적인 성적 욕구, 즉 욕동(drive)이 있음을 발견하였다. 더불어 이러한 본능적 성적 욕구가 일어남과 동시에 "자신도 인식하지 못하는 욕동을 자신도 모르게 억압하는 심리적 힘 혹은 기능이 있다는 것"을 알게 되었다(최영민, 2010, p.77).

프로이트 생존 당시에 진화론과 에너지 보존법칙이 중요하게 다루어짐에 따라, 프로이트도 이 이론의 개념을 고전적 정신분석학을 설명하는 데에 활용하였다. 인간을 동물에서 진화한 존재로 인식하면서 인간의 성적인 욕구를 매우 중요하게 보았는데, 이러한 성적 욕구를 일으키는 에너지를 리비도(libido)라고 이름을 붙이면서, 리비도가 억압되면 무의식이라는 의식의 층 아래로 숨어들어 가지만 에너지 자체는 없어지지 않는다고 가정하였다. 무의식에 자리 잡은 성적 에너지는 개인이 인식하지 못한 상황에서 개인에게 영향을 주기 때문에, 프로이트는 이러한 무의식에 억압된 욕구를 언어화하여 표현함으로써 에너지가 발산될 수 있다고 가정하였다. 따라서 언어로 표현하는 과정에서 무의식에 억압된 심리적 에너지가 의식 수준으로 떠올라 조절, 통제 가능한 정도로 변화할 수 있다고 가정하였다.

또한 성격의 구조에서, 리비도가 가득한 원욕(id)을 다른 성격의 구조인 자아(ego)와 초자아(superego)가 조절하게 함으로써 인간이 규범과 도덕에 따라 행동할 수 있다고 주장하였다.

이러한 이론적인 가정으로 인해, 고전적 정신분석학에서는 인간의 가장 기본적인 욕구를 성적 욕구로 규정하는 것처럼 보이고 성적 욕구를 일으키는 심리적 에너지인 리비도의 억압 과정을 중요하게 보는 것처럼 보인다. 하지만 '성적 욕구'라는 단어를 통해 프로이트가 성교를 통한 만족, 성기에서의 만족에만 관심을 기울이고 중요하게 생각하고 있는 것처럼 오해되기도 한다. 프로이트는 성적인 욕구와 만족을 성기에만 한정하지 않고 신체나 장기 전반으로 확대하여 설명하였다. 따라서 심리적 에너지로 이름 붙인 리비도는 성적인 욕구를 포함한 더 넓은 의미에서의 욕구를 일으키는 에너지로 이해할 필요가 있다(최영민, 2010). 이에 근거하여 '성적 만족'을 '성기의 만족'에서 확대해 전반적인 신체 기관에서의 만족으로 개념을 확대시킬 필요가 있다.

이는 앞선 장에서 '성행위 = 성교'라고 공식화하는 우리의 인식과 관련이 있다. 성적 만족을 성교를 통한 만족으로만 한정함에 따라 눈맞춤, 손 잡음, 포옹, 입맞춤 등과 같은 신체접촉을 통한 욕구 충족은 간과되었다. 이로 인해 성교를 제외한 성행위의 중요성이 간과되고 성행위를 하기 전에 대화를 통한 정서적 일치감과 친밀감을 경험하는 것의 중요성이 간과되었다.

2. 대상관계 이론

대상관계 이론(object relations theory)을 정신분석학에 포함된 이론으로 보고, 프로이트의 고전적 정신분석학과 구분하여 후기 정신분석학으로 분류하는 학자가 있는 반면, 고전적 정신분석학과는 전혀 별개의 이론으로 보는 학자도 있다. 또한 대상관계 이론의 학자도 프로이트 이론에 기반하여 대상관계 이론을 주장한 멜라니 클라인(Melanie Klein)이 있는 반면, 프로이트 이론과는 완전 별개의 이론으로 대상관계 이론을 주장한 로날드 페어번(Ronald Fairbairn)이 있는 등 다양한 이론가들이 있다. 하지만 다양한 이론가들이 있는 대상관계 이론임에도 불구하고 공통적인 의견은 인간의 가장 기본적인 욕구를 대상과 관계하고 싶은 욕구로 규정한 것이다. 이는 성적인 관계를 하고 싶은 욕구를 가장 기본적인 욕구로 규정한 프로이트와는 분명 구분이 되는 주장이다.

대상관계 이론에서 주장하는 대상(object)은 "사랑이나 미움을 받는 사람이나 장소, 사물, 환상"을 의미하지만(Hamilton, 1990/2010, p.21), 많은 경우 사람을 의미한다. 마가렛 말러(Margaret S. Mahler)는 영유아기 아동과 주양육자와의 상호작용을 관찰하고 소아 정신분석을 하면서 인간이 타인과의 관계를 통해 어떻게 심리적으로 성장하고 타인과의 관계에서 어떤 불안과 결핍을 경험하는지를 발견하였다. 말러에 의하면, 인간은 출생 후 감각기관이 아직 발달하지 않아서 세상에 자기 혼자만 있는 것 같은 '정상적 자폐단계'를 경험하는데, 감각기관이 발달하면서 자신과는 다른 대상이 있음을 인식하고 자신의 행동에 반응하는 사람(어머니, 양육자)에 의해 공생관계를 체험한다. 이러한 '공생단계'를 충분히 경험해야 자신을 양육하는 사람과 떨어져 독립하려고 하는 '분리-개별화 단계'를 경험하고 이를 통해 건강한 자기(self)와 타인에 대한 건강한 대상이 형성되는 '대상 항상성 단계'를 경험한다. 말러는 영유아의 발달단계를 관찰하면서 이를 통해 인간의 심리적 발달과정을 추론하였고, 각 단계에서 결핍이 경험되면 발달은 더 이상 진행되지 않고 멈춘다고 하였다. 하지만 이후에도 발달단계상 결핍이 충분히 충족되면 멈추었던 단계는 계속 진행될 수 있다고 하였다(최영민 2010).

말러의 심리적 발달단계에서 최종 목표는 '대상 항상성 단계'인데, 이 단계는 '공생단계'에서 충분한 공생체험과 '분리-개별화 단계'에서 충분히 분리하려는 시도와 연습이 체험되어야 하고, 분리되었다가도 다시 돌아왔을 때 환영받는 충분한 체험이 전제가 된다. 이 때 대상의 역할이 중요한데, 인간은 대상으로부터 감정을 있는 그대로 수용되어지는 경험(containing), 든든한 버팀목과 같은 참아냄을 받는 경험(holding), 정서적으로 안정적이며 충전되어지는 경험(secure base)에 대한 무의식적인 욕구가 있고, 그러한 욕구가 충족되지 않을 때에는 분리되거나 거절될 것에 대한 불안과 그에 따른 분노감정이 야기된다.

고전적 정신분석학인 프로이트 이론에 근거하면, 인간은 성적 욕구를 충족하기 위해 성교를 포함한 성행위를 한다. 즉 대상과의 관계를 통해 성적인 욕구가 충족된다. 하지만 대상관계 이론에 근거하면, 인간은 다른 사람과 관계를 하고 싶어 한다. 즉 성행위를 통해 대상과 관계를 하고자 하는 욕구가 충족된다. 대상관계 이론에서의 성행위는 타인과 더 깊은 공생, 즉 하나 되는 체험을 하고자 하는 욕구에 의한 행동이다. 그러면서도 하나 된 대상과 떨어지려고 하는 욕구가 발현된다.

손 잡음, 입맞춤, 포옹 등의 성행위를 통해 인간은 타인과 신체적으로 접촉한다. 접촉한 면은 이 둘에게는 한 면이 되고, 이 면을 통해 경험되는 친밀감이나 열정을 공유하게 된다. 즉 성행위로 인해 신체적, 감정적으로 같은 상태가 되는 공생 관계를 체험하게 된다. 특히 성교는 감각기관이 가장 집중되어 있는 성기가 접촉되면서 신체적으로 한 몸이 되는 것 같은 느낌을 주고, 같은 감정과 쾌감을 극명하게 경험하게 된다. 또한 성교가 끝날 때에는 다시 두 사람의 독립된 개체가 되는 상황도 체험하게 한다. 따라서 성교와 성행위는 공생과 독립을 동시에 경험하게 하는 이상적인 대상관계를 하게 하고, 이상적인 대상관계 추구에 대한 욕구를 충족시켜 주는 상호작용이다. 또한, 아무리 근엄한 사람이라도 성교를 할 때에는 한 마리의 동물이 된다. 하지만 안정적인 관계에서의 성교는 성교 이후에서도 대상이 떠나지 않고 계속 존재하며 관계를 한다. 이를 통해 개인은 심한 공격과 추함, 원초적인 모습에서도 받아들여지고(containing), 대상은 떠나가지 않고 계속 존재하며(항상성), 또 다시 쾌감을 경험할 수 있는, 정서적으로 안정되고 충전되어지는 경험(secure base)을 할 수 있다.

생각해 보기

1. 고전적 정신분석학과 대상관계 이론에서 바라보는 성에 대한 인식은 어떻게 다른가?
2. 대상관계 이론에서의 심리적 발달단계와 성행위는 어떻게 연관될 수 있는가?

참고문헌

최영민(2010). **쉽게 쓴 정신분석이론: 대상관계이론을 중심으로.** 서울: 학지사.

Hamilton, N. G.(2010). **대상관계 이론과 실제: 자기와 타자**(김진숙, 김창대, 이지연 공역). 서울: 학지사(원저 1990 출판).

CHAPTER 3

성지식 테스트

● **핵심단어** 성지식, 성만족, DSFI

● **개 요** 잘못된 성지식으로 인해 상대방을 오해할 수 있고, 이로 인해 부부 갈등이 야기될 수 있다. 전문 서적과 교육을 통한 성지식을 습득하여 잘못된 성지식 습득을 예방하려는 노력이 필요하다.

1. 성지식의 중요성

성과 관련한 지식을 많이 알고 있다고는 하지만, 적절하고 정확한 지식을 알고 있는지는 성과 관련한 지식의 양과는 별개의 문제이다. 오히려 잘못된 성지식은 부부 갈등의 원인이 될 수 있다. 예를 들면, 잘못된 피임 지식으로 원치 않는 임신이 될 수 있고, 처녀막, 성기 크기 등의 성기관에 대한 잘못된 지식으로 상대방을 오해하여 갈등을 경험할 수 있다. 홍성묵(1999)은 상대방의 신체에 대한 정확한 지식으로 인해 상대방을 만족시키고 더불어 자신도 만족할 수 있다고 하였다. 특히 올바른 성지식을 갖고 있는 것은 성만족을 포함한 부부생활의 만족을 높이는 것과 관련이 있다는 사실이 많은 연구를 통해 밝혀지고 있다(김요완, 2000; 김혜민, 2012; 이윤미, 2008).

인터넷, TV 등의 매체, 친구들과의 대화, 부모나 교사의 교육 등으로 인해 성지식을 많이 알고 있을 것으로 짐작하지만, 막상 구체적인 성지식을 접하고 옳은 지식인지의 여부를 따지고 보면 자신감이 없어지는 것은 사실이다. 따라서 성지식을 측정하는 질문지를 통해 얼마나 성지식을 많이 알고 있고, 바람직한 지식을 정확히 알고 있는지 확인하는 과정이 필요하다. 이를 통해 모호하게, 또는 부적절하게 알고 있던 성지식을 분명하고 정확하게 앎으로써 성행위를 하기 위한 의사결정을 할 때 활용할 필요가 있다.

2. 성지식 테스트

성지식을 측정하는 도구들은 다양하지만, 대표적인 성지식 테스트 도구는 Derogatis 성기능 척도(Derogatis Sexual Function Inventory, 이하 DSFI)이다. DSFI는 개인의 성만족과 성기능을 측정하기 위한 도구로서 성만족, 성지식 등 10개의 개념에 대해 총 253개의 문항으로 구성되어 있다(장순복, 1989). 성지식을 묻는 26문항 중 부부의 성행위와 직접적인 관련이 없는 6개의 문항을 제외한 20개의 문항으로 성지식을 테스트하는 문항을 구성할 수 있는데(김요완, 2000), 이를 소개하면 다음과 같다.

다음의 성지식 테스트 문항을 보고 O, X로 답해 본다. 1문항당 5점으로 계산하여 점수가 몇 점인지를 확인하여, 자신의 성지식 수준을 측정해 볼 수 있다.

① 보통 남성이 여성보다 오르가슴에 빨리 도달한다.

② 부부가 동시에 오르가슴을 경험해야 원만한 부부관계를 이룰 수 있다.

③ 부부 중 한쪽이 자위행위를 하고 있다는 것은 성생활이 원만하지 못하다는 징후이다.

④ 자궁절제수술을 받은 여성은 수술 후 성교에서 오르가슴을 경험하지 못한다.

⑤ 성적 욕구가 절정기에 이르는 시기가 남성과 여성이 다르다.

⑥ 대부분의 남녀가 60세가 지나면 성에 대한 관심이 없어진다.

⑦ 남성이 느끼는 오르가슴은 여성이 느끼는 오르가슴에 비해 더 쾌감이 크다.

⑧ 여성의 경우에 질액이 분비된다는 것은 남성의 발기상태와 마찬가지로 성적으로 흥분했음을 나타낸다.

⑨ 입으로 성기를 애무하는 행위는 성병에 걸릴 가능성이 많기 때문에 비위생적이다.

⑩ 성교 중에 성적인 공상을 즐기는 여성은 자신의 성생활에 만족하지 못한다고 볼 수 있다.

⑪ 성행위를 자주 할수록 부부관계가 좋다는 것을 의미한다.

⑫ 여성은 자신의 성기를 손으로 자극함으로써 오르가슴에 도달할 수 있다.

⑬ 여성은 폐경기가 되면 성욕이 현저히 감소한다.

⑭ 여성도 남성만큼 자주 성욕을 느낀다.

⑮ 남성의 경우에는 성교를 하고 난 직후 잠깐 동안은 성적 자극에 반응할 수 없는 시간이 있다.

⑯ 여성은 여러 차례 오르가슴을 경험함으로써 계속 성적 반응을 유지할 수 있다.

⑰ 대부분의 여성들은 오르가슴을 경험하지 않고서도 성행위를 즐길 수 있다.

⑱ 남성의 성기가 클수록 성교 시에 여성이 더 만족을 느낀다.

⑲ 남성의 발기 현상은 음경에 혈액이 충만함으로 인해 생기는 현상이다.

⑳ 여성의 성 기관 중에서 가장 민감한 부위는 질 입구이다.

정답

① ○	② ×	③ ×	④ ×	⑤ ○	⑥ ×	⑦ ×	⑧ ○	⑨ ×	⑩ ×
⑪ ○	⑫ ○	⑬ ×	⑭ ○	⑮ ○	⑯ ○	⑰ ○	⑱ ×	⑲ ○	⑳ ×

3. 해설

① 보통 남성이 여성보다 오르가슴에 빨리 도달한다. (○)

남성이 여성보다 오르가슴에 빨리 도달하는 경우가 많다. 따라서 동시에 오르가슴 단계를 경험하고자 한다면 남성이 여성에게 충분한 홍분 단계를 경험하도록 배려할 필요가 있다. 다만 성교를 포함한 성행위는 정답이 없으므로 부부간에 서로 대화하면서 자신들에게 가장 잘 맞는 행위를 하면 된다. 부부가 동시에 오르가슴 단계를 경험하는 것은 드문 상황이므로, 남성이 발기의 지속성이 오래가지 않는다면 성교를 시작한 후에 남성이 먼저 오르가슴 단계를 경험하여 사정을 하였을지라도, 이후에 충분하게 여성을 자극하여 여성도 오르가슴 단계를 경험하도록 배려할 수 있다.

② 부부가 동시에 오르가슴을 경험해야 원만한 부부관계를 이룰 수 있다. (×)

원만한 성행위란 정답이 없는 것이다. 각자 부부에게 맞는 성행위를 할 수 있도록 대화하는 과정이 필요하다. 오르가슴을 목적으로 성교를 하거나 부부가 동시에 오르가슴 단계를 경험해야 한다는 부담감을 가지면 오히려 성만족에 방해가 될 수 있다.

③ 부부 중 한쪽이 자위행위를 하고 있다는 것은 성생활이 원만하지 못하다는 징후이다. (×)

자위행위는 부부간의 성행위의 만족도와 상관없이 이루어지는 행위이다. 많은 부부들은 부부간의 성교에서 만족을 경험한다고 할지라도 혼자서 자위행위를 하고 있고, 때로는 성교를 하지 않은 상태에서 부부간에 서로 자위행위를 해 주고 있다. 자위행위는 성치료에서 중요한 기법으로 활용되고 있다.

④ 자궁절제수술을 받은 여성은 수술 후 성교에서 오르가슴을 경험하지 못한다. (×)

오르가슴 단계를 경험하는 것은 자궁과는 관련이 없다. 1960년대 이후 많은 성의학자들은 여성이 음핵이 자극되고 질 안쪽의 G스팟이 자극되면 오르가슴 단계에 이르게 된다고 보고하고 있다.

⑤ 성적 욕구가 절정기에 이르는 시기가 남성과 여성이 다르다. (○)

성적 욕구가 절정기에 이르는 시기는 남성의 경우 10대 후반에서 20대 초반이고, 여성의 경우 30대 이후이다.

⑥ 대부분의 남녀가 60세가 지나면 성에 대한 관심이 없어진다. (×)

성교를 할 수 있는 성기능은 나이에 따라 현저히 약화될 수 있지만, 성에 대한 관심은 나이에 상관없이 계속될 수 있다.

⑦ 남성이 느끼는 오르가슴은 여성이 느끼는 오르가슴에 비해 더 쾌감이 크다. (×)

오르가슴 단계의 쾌감의 정도를 남성과 여성에 따라 구분하여 비교하기 곤란하다.

⑧ 여성의 경우에 질액이 분비된다는 것은 남성의 발기상태와 마찬가지로 성적으로 흥분했음을 나타낸다. (○)

여성이 흥분할 경우, 바톨린 샘(Bartholin' s gland)에서 애액이 분비된다. 질에 애액이 분비된 것을 보고 여성이 흥분했음을 알 수 있다. 단, 예외적인 상황으로, 여성이 강간 피해를 당할 경우 심한 심리적 외상으로 인해 신체적 평형상태가 깨지면서 흥분을 하지 않은 상태에서 애액이 나올 수도 있다.

⑨ 입으로 성기를 애무하는 행위는 성병에 걸릴 가능성이 많기 때문에 비위생적이다. (×)

다수의 성 파트너와 성교를 하는 것이 아니라, 배우자와 구강성교를 한다면 성병에 걸릴 위험은 없다. 특히 여성의 성기보다는 남성의 입에 박테리아가 더 많을 수 있어 여성에 대해 구강성교를 하기 전, 남성이 입안을 청결하게 할 필요가 있다.

⑩ 성교 중에 성적인 공상을 즐기는 여성은 자신의 성생활에 만족하지 못한다고 볼 수 있다. (×)

성교 중에 남성이건 여성이건 성적인 공상이 떠오르는 것은 지극히 자연스럽고 당연한 상태이다.

⑪ 성행위를 자주 할수록 부부관계가 좋다는 것을 의미한다. (○)
부부관계가 좋을수록 성교를 포함한 성행위의 횟수가 많고 성행위의 횟수가 많을수록 부부관계가 더 좋을 수 있다. 즉, 성행위는 부부관계의 지표를 나타낼 수 있다. 다만 성행위 중 성교에만 집중하기보다 성교를 포함한 눈맞춤, 손잡음, 포옹, 입맞춤, 피부접촉, 애무 등과 같은 전반적인 성행위를 할 필요가 있다.

⑫ 여성은 자신의 성기를 손으로 자극함으로써 오르가슴에 도달할 수 있다. (○)
프로이트(Freud)는 성교를 통해 질의 자극이 있어야 오르가슴을 경험할 있다고 하였으나, 마스터스(Masters)와 존슨(Johnson)의 경우에는 음핵을 자극하는 것이 오르가슴 단계를 경험하게 하는 데에 필수요소라고 하였다.

⑬ 폐경기가 되면 여성은 성욕이 현저히 감소한다. (×)
생리는 여성의 자궁내막이 떨어져 나가는 현상이고, 이는 난자의 배출과 관련이 있다. 폐경은 난자가 더 이상 배출이 되지 않아 생리가 중단되는 현상을 말하는 것이고, 성욕과 관련이 있는 호르몬과는 아무 상관이 없다.

⑭ 여성도 남성만큼 자주 성욕을 느낀다. (○)
성욕을 느끼는 것은 남성과 여성이 차이가 없다.

⑮ 남성의 경우에는 성교를 하고 난 직후 잠깐 동안은 성적 자극에 반응할 수 없는 시간이 있다. (○)
남성의 경우 오르가슴 단계에서 사정을 한 후에는 일정 시간 발기가 되지 않는 무반응기가 있고, 이 무반응기는 나이에 따라 점점 길어진다.

⑯ 여성은 여러 차례 오르가슴을 경험함으로써 계속 성적 반응을 유지할 수 있다. (○)
남성의 경우 무반응기가 있어 다시 흥분을 하려면 일정 시간이 지나야 하지만, 여성의 경우 오르가슴을 경험한 후 다시 자극이 되면 여러 차례의 오르가슴을 경험할 수 있다.

⑰ 대부분의 여성들은 오르가슴을 경험하지 않고서도 성행위를 즐길 수 있다. (○)

성교를 할 때 반드시 오르가슴을 경험해야 한다는 강박에서 자유로워질 필요가 있다. 여성의 경우 성교 시 매번 오르가슴 단계를 경험하는 경우가 많지 않다. 그럼에도 불구하고 성교를 포함한 성행위를 통해 친밀감, 정서적 안정감 등을 경험할 수 있다.

⑱ 남성의 성기가 클수록 성교 시에 여성이 더 만족을 느낀다. (×)
성기 크기와 성만족은 상관이 없다. 특히 여성의 질 안쪽에는 감각세포가 많지 않아 성기가 크고 길다고 해서 더 예민한 감각을 느끼기 어렵다.

⑲ 남성의 발기 현상은 음경에 혈액이 충만함으로 인해 생기는 현상이다. (○)
남성의 발기는 음경 내의 해면체 조직에 혈액이 들어왔다가 음경 판막에 의해 갇히는 현상이다.

⑳ 여성의 성기관 중에서 가장 민감한 부위는 질 입구이다. (×)
질 입구보다도 음핵이 가장 예민한 1급 성감대이다. 또한 모든 여성에게 있는 것은 아니나 질 안쪽에 G스팟이라는 부위도 있는데, 이 역시 1급 성감대이다.

생각해 보기

1. 성지식 테스트에서 100점 만점 중 몇 점을 맞았는가?
2. 성지식 테스트에서 높은 점수가 나오지 않았다면 그 이유는 무엇인가?
3. 잘못된 성지식이 어떤 과정으로 부부관계에 안 좋은 영향을 주는가?

참고문헌

김요완(2000). **부부의사소통 유형과 성지식 수준의 성만족도와의 관계연구.** 연세대학교 미간행 석사학위논문.

김혜민(2012). **노인의 성지식·성태도가 생활만족에 미치는 영향 : 유배우자 여성노인을 중심으로.** 경기대학교 미간행 석사학위논문.

이윤미(2008). **성태도와 성행동이 기혼여성의 오르가슴에 미치는 영향.** 가톨릭대학교 미간행 석사학위논문.

장순복(1989). **자궁절제술 부인의 성생활 만족에 관한 요인분석.** 이화여자대학교 미간행 박사학위논문.

홍성묵(1999). **아름다운 사랑과 성.** 서울: 학지사.

CHAPTER 4

성기능에 대한 오해

핵심단어 성반응 4단계, 흥분, 고조, 오르가슴, 이완

개 요 마스터스와 존슨(Masters & Johnson)의 성반응 4단계는 흥분–고조–오르가슴–이완 단계이다. 각 단계마다 남녀에 따라 다른 특징이 있는데, 여성보다 남성이 급격하게 흥분기에서 고조기로 상승하는 양상 때문에 여성이 오르가슴에 다다르기 전에 남성이 먼저 오르가슴을 경험하며 사정을 하는 경우가 많다. 특히 이완 단계에서 남성은 급격하게 심신이 안정되면서 졸음을 경험하는 경우가 많아, 천천히 안정을 취하는, 즉 아직 흥분상태에 있는 여성이 허탈감과 모멸감을 느낄 수 있다. 따라서 여성이 충분히 흥분기를 경험하도록, 이완기 때 성교 후 친밀감을 느낄 수 있도록 남성의 배려가 필요하고, 남성의 경우 사정 후 무반응기가 있으므로 여성이 다시 발기를 시키기 위해 과도하게 자극을 하지 않는 주의가 필요하다.

1. 상담사례와 분석

1) 사례 소개

부부상담을 하다 보면 성교에서의 어려움을 호소하는 경우가 있는데, 내담자들은 성교에 대한 분명한 표현보다는 모호한 표현을 하는 경우가 많다. 이 때 상담자는 구체적으로 어떤 어려움이 있는지 질문하여 갈등양상을 구체화할 필요가 있다. 다음의 사례를 보고 부부 간에 어떤 어려움이 있는지 파악해 보자.

CASE...

사례 1. '성격 차이가 너무 커요.'

남편: 제 아내는 자기와 저는 맞지 않는다고 하는데 뭐가 안 맞는지 모르겠어요.

부인: 맞아요. 우린 너무 달라요. 맞는 게 거의 없는 거 같아요. 자라온 환경도 다르고, 습관도 다르고, 성격도 다르고요. 궁합도 잘 안 맞는 거 같아요. 이 사람하고 있으면서 별로 만족한 적이 없어요.

사례 2. '날 여자로 생각해 준 적이 없어요.'

부인: 제 남편은 저를 여자로 생각해 준 적이 없어요. 자기가 하고 싶은 대로만 해요.

남편: 이 사람하고는 정말 통하는 게 없어요. 여자로 대해 주지 않는다고요? 제가 뭘 어떻게 했기에 제 맘대로 한다는 거죠? 자기는 어떤대요?

2) 상담을 위한 준비

♀♂ 성교를 의미하는 단어에 대한 민감성 훈련의 필요

부부들이 상담을 받을 때나 대화를 할 때, 성행위와 관련한 단어를 분명하게 표현하는 경우가 있다. 예를 들면, 성교, 부부관계, 잠자리, 섹스 등의 단어를 통해 성교(sexual intercourse)에 대해 표현함으로써 구체적인 문제해결을 받고자 하는 경우가 있다. 하지만 이혼을 결심하고 이혼소송을 하는 데에 근거자료로 활용하기 위한 목적으로 상담을 받으러 와서 성교에 대해 노골적으로 표현을 하는 경우를 제외하고, 많은 경우 성교나 성행위는 부부간의 예민하고 은밀한 부분이기 때문에 부부들이 표현하기 어려워한다. 이처럼 내담자들이 성교에 대한 직접적인 표현을 하지 못하므로, 상담자는 성교를 추측할 수 있는 단어에 대해 민감할 필요가 있다.

♀♂ 성교를 표현하는 단어나 맥락

위에서 소개한 사례는 성교에 대해 불만을 표현하는 부부간의 전형적인 대화 중 일부이다. 사례 1의 경우, '맞지 않는다, 다르다, 성격이 다르다, 궁합이 맞지 않는다, 만족한 적이 없다 등'이, 사례 2의 경우 '여자로 생각해 준 적이 없다, 하고 싶은 대로만 한다 등'이 성교와 관련이 있는 말이다.

3) 사례 1 분석

♀♂ 모호한 상황에서 구체적인 상황을 파악

위에 소개한 단어나 맥락이 항상 성교를 의미하는 것은 아니다. 하지만 부부간의 대화에서 이러한 단어나 맥락이 표현되었을 때에는 상담자로서 그 단어나 맥락을 구체화할 필요가 있다. 자신과 '맞지 않는다'면 무엇이 맞지 않는지, '다르다'면 구체적으로 어느 부분에서 다른지 질문하여 성교에서 불만족이 있는지 파악할 필요가 있다. '만족한 적이 없다'라면 어느 부분에서 만족한 적이 없는지 질문을 통해 불만족의 원인을 구체화할 필요가 있다.

♀♂ 중의적인 단어에서 구체적인 의미를 파악

중의적인 단어가 사용될 때, 여러 의미 중 구체적으로 어떤 의미로 사용되었는지, 성교와 관련이 있는지 질문할 필요가 있다.

성격(性格)을 인격(personality), 성격특성(character)으로 표현하기도 하나, 성교(性交)에서의 격차(格差)로 표현하는 경우가 있다. 따라서 포괄적인 인격과 성격특성에 차이가 있어서 성격이 다르다고 표현할 수 있으나, 성교에서의 차이를 표현하고자 하는 말일 수가 있으므로, 구체적으로 어떤 양상에서 성격이 다른지 구체화할 필요가 있다.

궁합(宮合)은 사전적인 의미로 '혼인할 남녀의 사주를 오행에 맞추어 보아 부부로서의 좋고 나쁨을 알아보는 점'을 의미하나(국립국어원 표준국어대사전), 성적인 어울림을 표현하는 '속궁합'을 의미하는 경우도 있으므로 이러한 용어가 사용될 때 상담자는 "궁합이라고 표현한 상황을 구체적으로 설명해 주시겠어요?", "궁합이라고 표현하였는데 구체적으로 무엇을 의미하나요?"라고 개방형 질문을 할 수 있다. 개방형 질문만큼 좋은 질문은 아니지만, "아까 궁합이라고 표현하였는데, 속궁합, 즉 성교를 의미하나요?"라고 하면서 성교의 문제를 이야기하는지 질문할 수도 있다.

4) 사례 2 분석

♀♂ '여자로 생각해 준 적이 없다.'

이와 같은 말은 상대방이 자신을 'sexy하지 않다고 생각한다.', 즉 '성적으로 매력이 없다고 생각하고 있다.'라고 해석할 수 있다. 여성 또는 남성으로 존중받지 못하

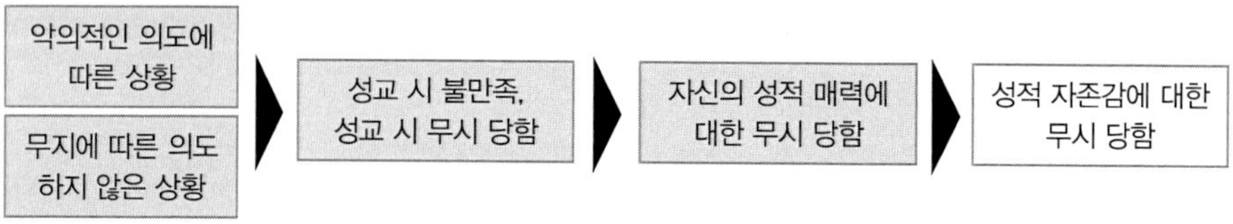

그림 4-1 성적 무시에 따른 자존감 손상의 과정

다는 것은 자신의 성적 정체감(sex identity 및 gender identity)이 상대방으로부터 존중받지 못하다는 의미이고, 결국 성적인 매력에 대한 무시는 성적 자존감의 무시와도 연결된다. 이러한 무시는 상대방이 악의적인 의도를 갖고 행한 것일 수도 있으나, 성기능에 대한 무지의 결과로 전혀 의도하지 않게 초래한 결과일 수도 있다.

♀♂ '하고 싶은 대로만 한다.'

이 대화는 자신의 욕구나 거부에 대한 의사를 상대방이 고려하거나 배려하지 않는다는 의미이다. 이 때 상담자는 '구체적으로 어떤 부분에서 하고 싶은 대로 하는지 예를 들어줄 수 있습니까?'라고 질문하면서 상황을 구체화할 필요가 있다. 성교에 대한 문제가 나온다면, 어떤 상황에서 그러한 느낌을 가졌는지 추가적으로 질문을 할 수 있다. 상대방이 어떻게 무시했는지, 자신은 상대방에게 욕구에 대해 충분하게 요구했는지, 당시 상대방은 어떤 의도였는지를 파악하면 서로 성교에 대해 인식하지 못한 부분을 발견할 수 있다.

2. 성반응 4단계

부부상담을 할 때 내담자들이 성교에서의 불만족과 갈등을 호소한다면, 구체적으로 성교 과정 중에서 어떻게 불만족한지를 파악할 필요가 있다. 성교 과정에 관련하여, 세계적으로 널리 알려져 있는 마스터스(Masters)와 존슨(Johnson)의 성 반응 4단계를 이해할 필요가 있다.

마스터스와 존슨은 1960년 초, 남녀 약 600여 명에 대해서 2,500번 이상의 성행위를 관찰하여 성반응에 단계가 있음을 발견하였고, 이를 흥분(excitement) 단계, 고조(plateau) 단계, 오르가슴(orgasm) 단계, 이완(resolution) 단계로 구분하였다.

흥분 단계는 성행위를 통해 성교를 할 준비가 되었고 흥분이 시작되는 단계이다. 이 때 남녀는 강한 성욕에 휩싸이고 심장 박동이 빨라진다. 고조 단계는 심장 박동이 더욱 빨라지면서 성기와 성기관에 혈액이 몰리는 단계이다. 오르가슴 단계는 성적 흥분의 절정감을 경험하는 단계이다. 남성의 경우 사정을 하고, 여성의 경우 질 입구의 근육에 경련이 일어나면서 강렬한 쾌감과 황홀감이 경험되는 단계이다. 이완 단계는 성기와 성기관에 과도하게 몰렸던 혈액이 제자리로 돌아가고 심장 박동이 안정을 찾는 단계이다. 성기와 성기관에 집중된 혈액이 빠르게 제자리를 찾아가고 안정을 느끼면서 시원한 느낌이 체험되고, 심리적으로 만족감과 상대에 대한 친근감을 느끼게 된다.

마스터스와 존슨의 연구로 오르가슴 단계에서 남성은 사정을 하고 여성은 질 입구의 오르가슴 융기(orgasm platform)에서 경련이 일어나는 현상이 발견되었다. 또한 남성은 사정 이후 다시 발기가 되지 않는 무반응기가 있는 반면, 여성은 이완 단계 때 다시 자극을 받게 되면 몇 번이고 반복해서 오르가슴에 도달하는 현상이 밝혀졌다. 특히 마스터스와 존슨에 의해서 여성은 음핵으로 인해 성적 흥분이 높아지고, 질 내에서 오르가슴이 표현된다고 하는, 여성의 오르가슴의 메커니즘에 대한 기초가 확립되었다(하재청, 류태형, 김병기, 노영복, 이경희, 1997).

1) 성반응의 특징

♀♂ 여성

여성의 흥분 단계에서는 질의 윤활화가 특징이다. 질 벽에는 남성의 성기가 삽입되기 쉽도록 점액질이 나오고, 자궁은 혈관의 충혈에 의해 확장된다. 특히 자궁은 고조기를 거치면서 보통의 위치에서 세워진다.

고조 단계 때 여성은 질 입구에서 안쪽으로 3분의 1 정도 되는 부위인 오르가슴 융기에 혈액이 집중되며 부풀어 올라 질 입구가 좁아진다. 음핵(clitoris)은 남성의 성기가 발기하는 것처럼 혈액이 몰려 커지고 붉게 되면서 음핵 덮개(음핵을 덮고 있는 지붕) 안으로 들어가게 된다.

오르가슴 단계 때 절정감을 경험하기 위해서는 음핵의 자극이 필수적인데, Kaplan(1974/1990, pp.35~36)은 "임상학적으로 음핵에 대한 자극이 없으면 성적 극치감은 일어나지 않는다."고 하였다. 오르가슴 단계 때 오르가슴 융기가 0.8초 간격으로 강하게 수축하는데, 이 때 느끼는 강한 쾌감은 다른 생리현상에서는 느낄 수 없다고 한다. 오르가슴 때 경험하는 현상은 개인차가 있는데, 일부 여성은 오르가슴 단계 때 요도를 통해 사정을 하기도 하는데, 이때의 사정액은 소변과는 다른 성분을 가지고 있고 독특한 향을 갖고 있다(Kaplan, 1974/1990).

이완 단계 때는 심리적으로 만족감과 상대방에 대한 친근감을 느끼면서, 동시에 피로감도 느끼게 된다. 여성의 경우 이완의 속도가 남성보다 느리기 때문에 이 단계에서 조금만 성적인 자극을 받아도 다시 오르가슴을 느낄 수 있다.

♀♂ 남성

흥분 단계 때 남성은 주로 외적이고 시각적인 자극에 의해 흥분을 경험한다. 흥분 단계에서 남성은 음경이 발기되고 음낭 피부가 두꺼워지며 수축하게 되어 고환이 당겨 올라간다.

고조 단계 때 쿠퍼 샘(Cowper's gland)에서 분비물이 나와 소변이 지나다니는 요도의 통로를 청소하고 윤활액 역할을 하여 정자가 잘 통과할 수 있도록 하고 정자를 보호한다.

오르가슴 단계 때 남성은 사정을 하는데, 발기가 되지 않은 상태에서 사정이 되기도 한다.

이완 단계 때 대부분의 남성은 피로감을 느끼고 자고 싶은 상태가 된다. 특히 일정시간 발기가 되지 않는 무반응기가 있는데, 이 무반응기는 연령과 건강상태에 따라 큰 차이가 있다. 20대 초의 경우에는 4~5분, 70대 노인의 경우에는 24시간 이상이 걸릴 수도 있다(하재청 등, 1999).

2) 성반응의 차이

♀♂ 흥분 단계

성교를 할 때 남녀 모두 흥분을 해야 하는 것이 가장 우선시 된다. 남성의 경우, 흥분을 하지 않으면 발기가 되지 않고 발기가 되지 않을 경우 삽입을 할 수 없다. 특히 여성의 경우 흥분을 하지 않으면 질벽에서 점액질, 즉 애액이 나오지 않기 때문에 성교를 할 때 고통을 느끼게 되고, 고통을 느끼면 성교를 거부하는 악순환을 경험한다. 많은 성폭력 가해자 남성들이 데이트 강간 시 여성들도 흥분을 하고 성교를 즐겼다고 주장하지만 피해 여성들의 질 입구가 파열된 것으로 볼 때, 그 관계에서는 여성들이 흥분을 하지 않았다는 것을 알 수 있다.

흥분 단계가 시작되고 고조 단계에 이르기까지 흥분 속도와 시간에 있어서 남녀의 차이가 뚜렷하다. 남성은 단시간 내에 흥분 단계의 수준이 높아지는 반면, 여성의 경우 흥분 단계의 수준이 완만하게 높아지고 시간도 남성보다 느리다. 이를 그래프로 표현하면 그림 4-2와 같다.

그림에서 보는 바와 같이, 흥분 단계에서 상승 곡선의 기울기가 남녀가 다르

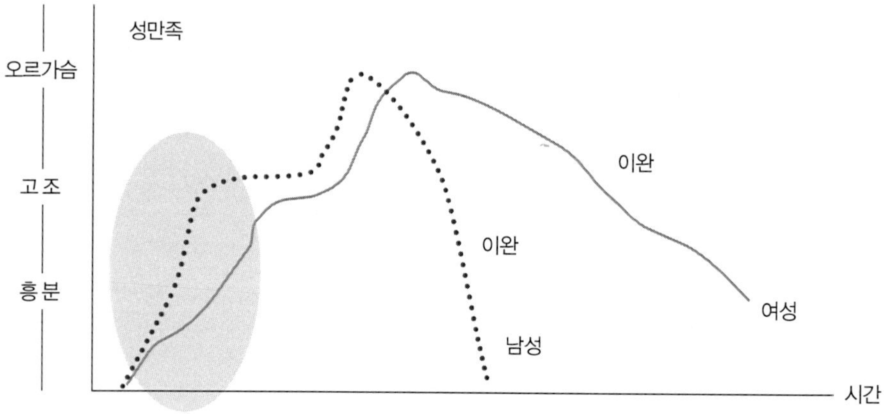

그림 4-2 남녀의 성반응에서 흥분 단계의 차이

기 때문에 남성은 매우 흥분하였음에도 불구하고, 여성은 아직 흥분상태가 그다지 높지 않다. 질이 남성의 음경을 받아들일 정도로 충분한 점액질이 나오지 않아 삽입 시 고통을 느낄 수 있다. 따라서 성교에서 시작을 좋게 하기 위해서는 흥분 단계에서 좋은 느낌을 가져야 한다. 남성은 시각적인 자극에 흥분을 하는 것과는 달리, 여성은 관계적인 안정감과 친밀감에 의해 흥분을 경험한다. 따라서 성반응 단계에서 여성이 충분한 흥분기를 경험하기 위해서는 여성이 성교에 대한 안정감을 느껴야 한다. 안정감이라고 하면 환경적인 안정감뿐만 아니라, 정서적인 안정감도 포함되며, 이를 위해서는 남성의 일방적인 흥분으로 여성을 배려하지 않은 채 성교를 하는 것이 아니라, 여성과의 충분한 대화를 통해 성교의 준비가 되었는지 확인할 필요가 있다. 여성 역시 현재 성교를 즐길 준비가 되었는지 Sternberg(1986)의 사랑의 3요소를 고려하며 자기결정력을 높일 필요가 있다. 친밀감, 열정, 결심/관계지속에 있어서 자기 확신이 있는지, 아니면 이 3요소 중 어느 요소가 부족하여 부족함을 채울 목적으로 성교를 하려고 하는지 자기분석을 할 필요가 있다. 사랑의 결과로 성교를 하지 않고 사랑의 요소를 충족하기 위해 성교를 수단으로 삼는다면 임신으로 인한 책임(responsibility)을 여성이 감당해야

하는 위험이 따를 수 있다. 흥분 단계에서 흥분 속도가 남녀에 따라 차이가 있을 수 있으므로, 남성은 자신이 흥분하기 전에 여성을 먼저 흥분시키는 노력이 필요하다. 본격적인 성교를 하기 전에 남성이 여성을 마사지하거나 성감대를 자극하고 애무를 함으로써 여성이 충분한 흥분 단계를 경험하도록 남성이 배려할 필요가 있다. 본 저자는 성교에 있어서의 중심은 남성의 발기에 있다기보다 여성의 질의 점액질의 정도에 있다고 본다. 즉, 여성이 얼마나 성교를 할 준비가 되어 있고 흥분할 준비가 되어 있는지가 관건이다.

여성도 자신이 충분히 흥분 단계를 경험하고 있다고 생각되어 직접 남성의 성기를 자극할 경우, 남성이 여성보다 일찍 고조 단계에 도달하여 오르가슴 단계에서 사정을 할 수 있으므로, 시각적인 자극 위주로 자극을 주거나 성기 외의 성감대를 자극할 필요가 있다. 단, 성교는 일정한 규칙과 공식이 없으므로, 부부간의 대화로 각자 부부만의 방식을 만들어 갈 수 있다. 예를 들면, 남성이 예민하거나 충분한 발기 상태를 지속하는 데에 어려움이 있다면, 흥분기 때 발기가 되었으나 성기 삽입 전 여성의 성감대를 시간을 갖고 자극하다가 남성의 발기력이 떨어질 수 있다. 이럴 경우, 여성과의 대화를 통해 조속한 삽입을 할 수 있으나 질 입구부터 조금씩 자극하여 여성에게 점액질이 충분히 나오도록 할 수 있다.

성교는 몸의 대화이므로 각자의 신체 반응에 따라 상호 대화를 통해 어떤 시도도 해 볼 수 있다. 정답은 없다.

♀♂ 고조 단계

혈액이 집중된 음핵은 매우 민감해지고 음핵 덮개 안으로 들어가 직접 만지기는 어려운 상황이 된다. 이 때 남성이 음핵 덮개를 들추고 음핵을 직접 자극하고자 한다면 여성은 과도한 자극으로 고통을 느낄 수도 있다. 따라서 남성은 삽입 중 음핵을 자극하면서 여성의 느낌을 물으며 대화를 하거나, 음핵을 직접 자극하기보다는 음핵 덮개를 자극하면서 여성의 느낌을 물으며 여성의 요구에 반응하는 것이 필요하다. 여성의 경우, 남성이 고조 단계에서 절정 단계로 가면 사정을 할 수 있으므로, 남성의 사정을 지연하고자 하면 성기의 자극을 잠시 멈춘다거나 강도를 낮추는 시도가 필요하다. 즉, 관계 시 상호간의 느낌과 신체 상태에 대한 대화를 나눌 필요가 있다.

♀♂ 오르가슴 단계

오르가슴 단계 때, 남성은 사정을 하고 여성은 질 입구의 오르가즘 융기가 경련을 일으켜 자신도 쾌감을 느낄 뿐만 아니라 남성의 음경도 자극한다. 오르가슴 단계 때 경험되는 심장 박동, 근육의 경련, 사정 등은 의식적인 차원에서 벗어난 반응으로, 이 때 발생될 수 있는 울음, 신음, 소변이 나오는 반응은 극히 자연스러운 현상이다. 여성의 경우, 자궁과 같은 내장기관이 기립을 하는 상황이고, 질 입구가 심하게 경련을 일으키는 상황이므로 신음 등은 매우 자연스런 현상이다. 하지만 신음소리가 나올 경우 남성이 자신을 성경험이 많은 여성으로 생각할까 봐 억지로 참으려는 경우가 있고, 그로 인해 오르가슴 때의 느낌에 집중하지 못하거나 의식적, 무의식적으로 오르가슴 단계를 경험하기를 두려워할 수도 있다.

남성은 오르가슴을 경험해야만 사정을 하는 것은 아니지만, 사정을 한 현상을 보고 오르가슴을 경험했을 수 있다고 추측할 수 있다. 여성도 사정을 하는 경우도 있지만 일부분에 해당되고, 대부분의 여성은 자신이 오르가슴을 느꼈는지 모르는 경우가 많고 단지 황홀하고 만족스런 느낌을 가진 것으로 오르가슴을 느꼈다고 생각하는 경우가 많다. 따라서 오르가슴을 느껴야 한다는 생각에서 자유로워질 필요가 있다. 성교는 육체와 정서의 대화이므로, 그 자체를 즐기는 것이지 오르가슴을 느낄 목적으로 하는 행위는 아님을 인식하고, 오르가슴을 느끼지 않더라도 자유롭게 놀다 보면 오르가슴을 경험할 수 있다. 즉, 오르가슴이 성교의 목적이 되지 않기를 당부한다.

여성의 경우, 흥분하여 소리를 내거나 소변을 누는 것과 같이 사정하거나 심지어 소변이 나오기도 하는데, 남성이 이 모든 현상을 받아들일 수 있도록 사전에 성에 관련한 공부를 함께 하고 각각의 단계에서 경험될 수 있는 신체 반응에 대해 대화할 필요가 있다. 어떤 부담과 억압에서부터 자유롭고, 상대방의 어떤 반응도 수용할 수 있는 정서적인 분위기가 사전에 상호간에 형성될 필요가 있다. 특히, 여성의 경우, 성의 결정권이 자신에게 있으므로, 상대의 눈치를 보거나 평가를 두려워하는 것에서부터 자유로워질 필요가 있다. 자신의 신체 변화에 집중하고 그 자체를 소중하게 받아들이는 노력이 필요하다.

♀♂ 이완 단계

그림 4-3에서 보는 바와 같이 남성의 이완 단계는 여성보다 더 급격하고 빠르다. 따라서 여성은 아직 흥분이 가라앉지 않은 상태이나 남성은 이미 이완이 다 되어 피곤이 몰려와 잠을 자거나 하품을 할 수 있다. 이럴 경우, 여성은 그동안의 성교에 대해 남성이 지루해하거나 하찮게 생각했다고 오해할 수 있다.

여성은 이완 단계가 완만하기 때문에 다시 오르가슴 단계로 올라갈 수 있다. 따라서 남성은 자신이 만족감을 충분히 느꼈다고 하여 잠을 자거나 담배를

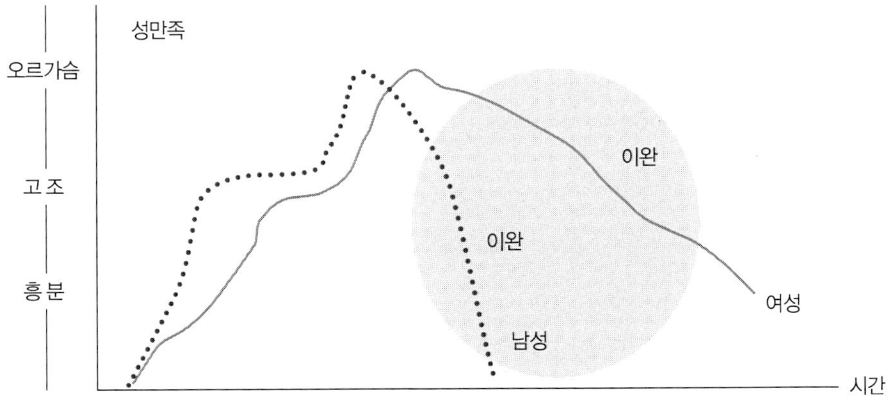

그림 4-3 남녀의 성반응 중 이완 단계의 차이

피기보다는 여성의 상태를 보아 다시 성감대를 자극하여 여러 번의 오르가슴(multiple orgasm)을 느끼게 배려하거나 여성의 이완 단계가 끝날 때까지 사랑의 언어를 표현하거나 포근하게 안아 줄 필요가 있다. 남성의 경우 더 이상 발기가 되지 않는 절대무반응기가 있으므로, 여성은 여러 번의 오르가슴을 느끼기 위해서 남성의 사정 직후 바로 발기가 되도록 자극하기보다는 남성에게 구강성교를 요구하거나 손으로 자극하기를 요구할 필요가 있다. 또한 남성이 발기가 되지 않는다고 하여 모욕적인 말을 할 경우, 남성이 불안을 느낄 수 있다.

3. 성반응에 대한 상담

이러한 남녀의 성반응의 차이를 고려하여 앞에서 소개한 사례를 다시 재분석해 보면 다음과 같다. 사례 1에서 '맞지 않고 다르다, 별로 만족한 적이 없다'고 했을 때, 성교에서 남성이 여성을 배려하고 관계를 시작했는지 확인할 필요가 있다. 서로 성교를 할 준비가 되어 있지 않은 상태에서 한 사람의 일방적인 행위로 성교가 시작되어 흥분 단계에서 불일치가 있을 수 있다. 특히, 오르가슴 단계 때 충분하게 만족을 느꼈는지 확인해 볼 필요가 있고, 만족한 적이 없어서 서로 어떻게 행동했는지 질문할 필요가 있다.

여성의 경우, 이완 단계에서 남성이 사랑의 언어 없이 곧바로 잠을 잔다든지 딴청을 한다든지 짜증나는 태도를 보였을 경우, 아직 이완이 충분이 되지 않은 상태에서 심한 자존감의 손상을 입는다. 또한 흥분 단계에서 남성이 집중하지 않거나 여성의 욕구를 배려하지 않을 경우에도 같은 반응을 보이는 경우가 많다. 따라서 위와 같은 부인의 대화가 있을 경우, 흥분 단계에서 남성의 태도와 이완 단계에서 남성의 반응 등을 구체적으로 질문할 수 있다.

이처럼 성반응 4단계를 고려하여 성과 관련한 상담을 할 때, 상담 장면에서 활용할 수 있는 질문을 소개하면 다음과 같다.

- 성교를 시작했을 때, 서로 어떤 상태였나요?
  - 서로 성교를 할 준비가 얼마나 되어 있었나요?
- 성교를 할 때 얼마나 안정된 상태였나요?
  - 성교를 할 때 남편은 부인을 어떻게 배려했나요?
- '부부 간에 서로 맞지 않는다.'고 하였는데, 성반응 4단계 중 특히 어느 단계에서 맞지 않았나요?
  - 흥분이 됐을 때 남편(부인)은 상대방에게 어떤 행동을 했나요?
  - 성교를 마치고 남편(부인)은 어떤 행동을 했나요?
- '만족한 적이 없다.'고 했는데, 성반응 4단계에서 특히 어느 단계에서 만족한 적이 없었나요?
  - 상대방이 어떻게 행동했기에 그런 느낌이 들었나요?
- '여자(남자)로 생각해 준 적이 없다.'는 것을 구체적으로 예를 들어 주시겠어요?
  - 성교를 얼마나 자주 했나요?

생각해 보기

1. 성반응 4단계와 관련하여 새롭게 알게 된 사실은 무엇인가?
2. 성반응 4단계와 관련하여 그동안 잘못 알고 있었던 사실은 무엇인가?
3. 흥분 단계, 오르가슴 단계, 절정 단계 때 여성과 남성의 반응의 다름으로 인해 생길 수 있는 오해는 무엇인가?

참고문헌

하재청, 류태형, 김병기, 노영복, 이경희(1999). **성의 과학**. 아카데미서적.

Kaplan, H. S. (1990). **새로운 성치료**(이근후, 성금영, 박영숙 공역). 서울: 하나의학사(원저: 1974년 출판).

Sternberg, R. J. (1986). A triangular theory of love, Psychological Review, 93, 119–135.

국립국어원 표준국어대사전 http://stdweb2.korean.go.kr/main.jsp

CHAPTER 5

성기관에 대한 오해

핵심단어 처녀막, 성기 크기, 성기관, 성감대

개 요 처녀막은 모든 여성이 갖고 태어나는 것은 아니다. 처녀막은 성교 이전에 운동을 심하게 하거나 자전거를 탈 때, 탐폰을 사용할 때 등에 파열될 수 있다. 처녀막에 대해 집착하는 성향은 여성을 상품화하는 남성 중심적 사고와 연관이 있다. 또한, 여성의 질 입구에서 4cm 정도까지 감각세포가 밀집해 있고 그 이후에는 감각세포가 많지 않다. 따라서 남성의 음경의 길이와 여성의 성만족과는 상관이 없다. 잘못된 성지식으로 인해 상대방을 오해할 수 있는데, 성에 관련되어서 오해가 생기면, 오해를 풀기 위해 대화하거나 질문하지 못하고 혼자만 고민하게 되고 상대방에 대한 분노감정을 키우게 된다. 이런 상황에서 상대방에 대한 분노감정으로 인해 성욕구가 생기지 않거나 성반응 4단계 중 흥분 단계에서 집중이 되지 않아 그 이후 단계로 진행되기 어렵다. 따라서, 자신과 상대방의 성기관에 대해 정확한 지식과 이해가 필요하고 성욕구를 표현하는 연습이 필요하다.

1. 상담사례와 분석

1) 사례 소개

성기관에 대한 잘못된 인식으로 인한 부부 갈등 사례는 다음과 같다.

CASE…

사례 1

부인: 행복하게 결혼식을 마치고 신혼여행을 갔어요. 첫날밤을 보낸 후에 제 남편의 행동이 좀 이상해졌어요. 저를 멀리하려고 하고 잘 웃지도 않고요. 그날 이후 거의 대화도 하지 않고 혼자 술만 마셔요. 왜 그러는지 정말 답답해요.

남편: 첫날밤을 보냈는데요, 정말 괴로웠어요. 제 와이프가 처녀가 아닌 걸 알게 됐어요. 저는 숫총각이었는데……. 배신감이 들고 화가 나서 어떻게 해야 할지 모르겠어요.

사례 2

남편: 제 와이프는 저와 자면서 별로 만족하지 않다고 해요. 제가 성기가 좀 작아서 그런 것 같기도 하고……. 요즈음에 지하철 신문에 보니까 성기확장수술 광고가 많더라고요. 수술을 받으면 좀 나아질 수 있을지…….

부인: 성기확장이요? 참, 황당해서. 만족이요? 그렇죠, 만족시켜 준 적 없죠. 저 생리 끝났다고 해서 절 거들떠보지도 않아요. 생리 끝나면 하고 싶은 마음도 없을 것이라나요?

2) 사례 1 분석

♀♂ 처녀막에 대한 잘못된 지식

성교 경험의 유무로 여성의 가치를 평가하는 부분에 대해서는 여성학적인 측면, 사회학적인 측면에서 비난 받아 마땅하지만, 이에 대한 논의는 본문에서 생략하기로 한다. 단, 처녀막에 대한 남성들의 환상, 잘못된 성지식으로 인해 오해받고 부당한 대우를 받는 상황을 소개하고, 이로 인해 성행위에 어려움을 겪는 상황을 소개하였다(사례 1에서는 직접적인 처녀막 언급은 없으나, 처녀막에 대한 인식으로 위와 같은 대화를 했다고 가정하였다).

처녀막은 모든 여성이 갖고 태어나는 것이 아니고; 성교로만 파열되는 것도 아니다. 심한 운동, 자전거 타기, 탐폰 사용 등으로도 파열될 수 있다. 특히 순결성을 여성의 가치로 보는, 즉 여성을 상품화시키는 남성 중심적인 시각과 자신의 순결성에 대해서는 별다른 인식이 없는 이중적인 시각이 더 큰 문제이다.

위의 사례에서 남성이 '처녀가 아니다.'라고 하면서 여성을 의심하고 있는데, 이런 경우 여성에게 직접 물어 볼 수 없어서 혼자 고민하고 분노감정을 키워 수동공격적으로 여성을 공격하기도 한다. 부부상담 장면에서 위와 같은 사례를 접할 경우 상담자로서 다음과 같이 질문할 수 있다.

- 어떤 이유로 부인을 처녀가 아니라고 생각하세요?
- (처녀막에 대한 이야기가 나왔다면) 부인의 어떤 모습에 배신감을 느꼈나요?
- 처녀막의 무엇 때문에 부인을 그렇게 생각하나요?
- 처녀막이 처녀성과 어떤 관련이 있다고 생각하나요?
- 당신에게 처녀막은 어떤 의미인가요?

3) 사례 2 분석

♀♂ 성기 크기 및 폐경과 성욕에 대한 잘못된 지식

사례 2에서 남편은 성기 크기가 작아서 부인을 성적으로 만족시키지 못한다고 생각하는 반면, 부인은 폐경 후 자신의 성욕에 대해 남편이 배려하지 않는다는 불만을 표현하고 있다. 질 입구에서 2~4cm보다 깊은 질 안쪽의 벽은 신경세포가 널리 퍼져 있지 않아 예민도가 높지 않은 상태이다. 이러한 상황에서 성기가 크다고 하여 여성이 더 예민함을 느껴 성만족이 커지지 않는다. 또한, 생리와 폐경이 성욕과 관련된 호르몬과는 연관성이 없음에도 불구하고 폐경이 되면 성욕구도 없을 것이라고 인식하여 남성이 여성을 배려하지 않는 경우가 있다.

위와 같은 상황에서 상담자는 다음과 같은 질문을 할 수 있다.

- 무엇 때문에 부인이 남편에 대해 만족하지 않는다고 하나요?
- 부인이 남편의 성기에 대해 작다고 지적을 한 적이 있었나요?
- 성기가 작아서 부인이 만족하지 못하다는 것은 누구의 생각인가요?
- 남편이 부인의 폐경 이후 어떻게 달라졌나요?
- 폐경 후 남편이 거들떠보지 않는다고 하였는데, '거들떠보지 않는다.'는 게 무슨 말인지 구체적으로 말씀해 주시겠어요? 그 때 부인은 어떤 반응을 보였나요?
- 폐경 이후 부인의 성욕구는 어떻게 달라졌나요?

잘못된 성지식으로 인해 상대방을 오해할 수 있다. 성에 관련한 오해가 생기면, 오해를 풀기 위해 대화하거나 질문하지 못하고 혼자만 고민하게 되고 상대에 대한 분노감정을 키우게 된다. 상대방에 대한 분노감정으로 인해 성욕구가 생기지 않거나 성반응 4단계 중 흥분 단계에서 집중이 되지 않아 그 이후 단계로 진행되기 어렵다. 따라서 자신과 상대방의 성기관에 대해 정확한 지식과 이해가 필요하다.

2. 남녀의 성기관

1) 여성의 성기관

여성의 성기관은 내부 성기관과 외부 성기관으로 나눌 수 있는데, 내부 성기관은 골반 안에서 골반의 보호를 받는 처녀막, 질, 자궁, 난소, 나팔관 등이 있고 외부 성기관은 치구, 대음순 및 소음순, 음핵, 음핵 덮개, 요도 입구, 질구 등이 있다.

♀♂ 처녀막

처녀막은 얇은 근육조직이다. 질 입구 바로 안쪽에 있어서 질 입구를 부분적으로 막고 있다. 처녀막은 개인마다 다른 모양과 개수의 구멍이 있어 생리혈이 질 밖으로 나갈 수 있게 한다. 모든 여성에게 처녀막이 있는 것은 아니다. 처녀막이 없이 태어날 수도 있고, 성교를 하지 않더라도 고열이 있거나 자전거를 타거나 다이빙을 하거나 탐폰과 같은 생리대를 할 때 파열되기도 하며, 때로는 저절로 파열되기도 한다. 여성에 따라 다르지만 처녀막이 파열될 때 출혈량이 매우 적거나 생리혈로 착각을 하여 처녀막이 파열된지 인식하지 못할 수도 있다. 따라서 파열된 처녀막으로 성교의 경험이 있다거나 처녀성을 상실했다는 증거라고 단정하는 것은 남성 중심적, 전근대적인 사고방식이며 여성을 상품화하는 사고방식이다.

♀♂ 질

질은 질 입구로부터 자궁경부까지 7~13cm 정도의 부드러운 근육으로 되어 있다. 근육의 수축, 이완능력이 강하여 출산 시 태아의 머리가 빠져나갈 수 있을 정도로 질이 이완되기도 한다. 질 입구로부터 3분의 1 정도 부위에 오르가슴 융기(orgasm platform)가 있어 오르가슴 단계에서 강하게 수축하여 여성으로 하여금 매우 강한 쾌감을 느끼게 한다. 질 입구로부터 약 2~4cm에는 감각을 느낄 수 있는 신경세포들이 집중해 퍼져 있다. 특히 질 입구에서 2~3cm 안쪽의 배꼽 방향에는 G스팟이 있어 음핵과 마찬가지로 자극을 매우 예민하게 받아들인다. G스팟은 여성에 따라 없는 경우도 많은데, 음핵과 마찬가지로 1급 성감대로서 매우 예민한 기관이다.

질 입구에서 2~4cm보다 더 깊은 질 벽에는 신경세포가 매우 성기게 배치되어 있어 접촉에 의한 쾌감에 대한 예민도가 떨어진다. 따라서 남성 성기가 크다고 하여 여성을 성적으로 더 만족시켜 준다는 이야기는 비과학적이다.

♀♂ 자궁 및 자궁경부

자궁경부는 자궁의 질과 연결되어 있는 부분이며 질과 마찬가지로 팽창력이 강하다. 자궁은 주먹 정도의 크기이고 기역 자로 눕혀져 있지만 고조기를 거치며 기립을 하고, 내장기관인 자궁이 기립하는 과정에서 여성에게 쾌감을 준다. 자궁은 수정과정을 마친 태아가 성장하는 공간으로 태아가 성장함에 따라 태아 및 양수를 포함할 정도로 확장된다.

자궁내막이 교체되는 과정에서 생리가 발생하여 생리혈이 질 밖으로 나가게 되는데, 이처럼 자궁 내막과 관련이 있는 생리가 끝났다고 하여 성욕은 영향을 받지 않는다. 또한 자궁적출수술과 성욕과도 상관을 보이지 않는다. 왜냐하면 성욕은 호르몬과 관련이 있기 때문이다.

♀♂ 난소 및 나팔관

난소는 자궁 위쪽 좌우에 위치하고 난자의 생산과 여성호르몬을 분비하는 기능을 한다. 여성은 평생 사용하게 될 원시난포를 갖고 태어나는데, 모든 원시난포가 난자로 성숙되면 결국 폐경이 된다. 즉, 여성은 평생 생산할 수 있는 난자를 갖고 태어나 이를 소비하면서 살지만, 남성은 사망 시까지 계속해서 정자를 생산해 낼 수 있다.

♀♂ 치구

치구는 여성의 성기 외부에 지방이 많은 부위이다. 사춘기가 되면 치구에 더욱 많은 지방이 축적되고 음모가 생긴다. 이러한 치구의 지방과 음모는 성교 시 푹신한 쿠션과 용수철의 역할을 하여 성기관을 보호하는 역할을 하게 된다.

♀♂ 대음순과 소음순

대음순은 여성의 성기 가장 바깥 부분으로, 좌우 바깥쪽으로 음모가 나는 부분이다. 소음순은 대음순 안쪽에 있는 얇은 피부와 같은 조직으로, 해면체 조직으로 구성되어 있어 홍분 시 피가 몰려 부풀어 오르는 지극히 예민한 조직이다. 소음순 안쪽에는 바톨린 샘(Bartholin's gland)이 있어서 홍분을 경험할 때 점액질, 즉 애액이 나와 소음순 부위를 촉촉하게 해 주어 음경이 질에 부드럽게 삽입할 수 있는 윤활유 역할을 한다. 좌우 소음순이 음핵 덮개의 일부를 형성한다.

♀♂ 음핵 및 음핵덮개

음핵은 남성의 음경처럼 해면체로 구성된 조직이다. G스팟과 마찬가지로 오직 성교에만 기능하는 1급 성감대이다. 음핵에는 말초신경이 집중되어 있어 자극에 예민하고, 일정 자극이 지속되면 음핵덮개가 음핵을 덮어 보호한다. 음핵이 감각에 예민한 부분이라고 하여 성교 시 직접 음핵만을 과도하게 자극하려고 하면 오히려 여성이 고통을 느낄 수 있다. 따라서 성교 시 남성은 음핵을 자극하면서 여성의 느낌을 묻고, 그에 따라 반응하는 대화의 과정을 가질 필요가 있다.

2) 남성의 성기관

♀♂ 몸체

음경은 이완 시에 크기의 차이가 크더라도 발기 시에는 인종에 따라 크기가 거의 일정한 것이 확인되었다. 백인종의 경우 발기 시 크기 차이가 거의 없어져서 평균 17.8cm에 이르고, 동양인의 경우 완전 발기가 되면 12~15cm로 거의 일정한 크기를 보인다고 한다(홍성묵, 2005). 여성의 경우 질 입구로부터 2~4cm 주변에 신경세포들이 몰려 있고 그보다 안쪽은 신경세포가 드물게 있으므로, 남성의 성기가 아무리 크더라도 여성에게 더 큰 성적 자극을 주지 못한다. 이러한 상황에서 발기된 음경을 삽입하여 여성을 자극하려고 하면 깊은 삽입을 하기보다 여성의 음핵이 자극되는 체위를 취하거나 입구로부터 2~3cm에 위치한 G스팟을 자극해 주어야 한다.

음경 안에는 위쪽에 위치한 음경해면체 2개와 요도를 둘러싸고 있는 요도해면체 1개가 있다. 흥분 단계 때 남성이 흥분을 하면 심장 박동이 빨라지면서 해면체들로 피가 모이면서 늘어져 있는 음경은 단단하게 부풀어지고 길어지는데, 이를 발기라고 한다.

음경은 발기되었을 때 약간 굽은 모습인데, 이는 질이 자궁경부로 이어지는 굽은 각도와 비슷하다. 따라서 음경이 휘어졌다고 해서 여성은 남성이 이상이 있다고 오해하지 않을 필요가 있다. 또한, 성기의 크기와 성 만족과는 관련이 없다. 음란물에 나오는 모델들의 성기는 수술을 했거나 약을 먹고 촬영을 하는 경우가 많은데, 그런 모델들의 성기 크기가 표준이 될 수 없다. 이러한 상황에서 남성의 음경 크기가 약간 작다고 해서 여성은 남성이 이상하다고, 비정상적이라고 생각하지 않을 필요가 있다.

♀♂ 귀두

귀두는 입 안의 피부와 같이 부드러운 피부조직으로 되어 있다. 이 부분에 말초신경 조직이 집중적으로 몰려 있어 아주 민감한 성적 반응을 보인다. 귀두 끝 부분에 요도의 입구가 있고, 이곳을 통해 소변과 정액이 배출된다. 남성이 고조 단계를 거치면서 쿠퍼 샘(Cowper's gland)에서 액체가 나와 요도를 청소, 코팅하고 귀두 끝부분에 나와 질 입구에 접촉할 때 윤활액 역할을 한다.

귀두는 코로나(corona)와 설커스(sulcus)로 구성되어 있는데, 성적으로 흥분하면 설커스 부분에 작은 돌기들이 형성되어 여성의 질을 자극하고, 삽입하고 후퇴하는 피스톤 운동을 하는 과정에서 설커스의 각도가 갈퀴 역할을 하면서 질벽에 더 강한 자극을 제공한다.

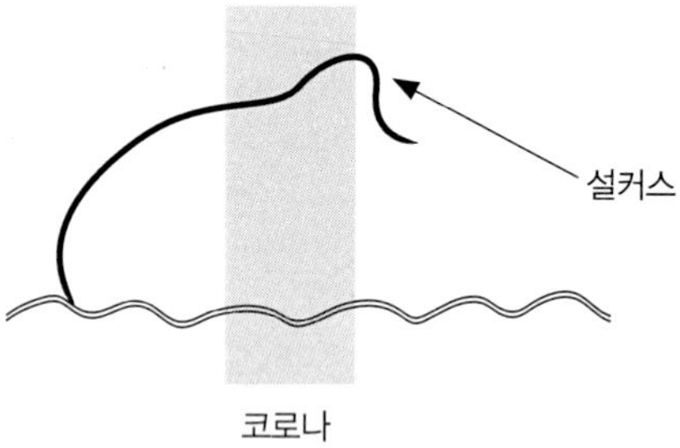

그림 5-1 귀두의 코로나와 설커스

♀♂ 음낭 및 고환

음경 아래쪽에 음낭이 있고, 음낭 안에 2개의 고환이 있다. 두 개의 고환은 높이가 다르게 매달려 있어 서로 부딪히지 않고, 한쪽이 다른 쪽보다 조금 더 크다. 음낭은 신체에서 떨어져 아래쪽으로 늘어져 있는데, 이로 인해 고환과 고환에서 생산된 정자는 체온보다 3℃ 낮게 유지되어 고온으로 인한 이상 정자의 생성이 최소화 된다. 이러한 상황으로 인해, 고환의 크기가 다르고 몸체로부터 다른 높이로 매달려 있다고 하여 오해할 소지가 많다.

3. 신체, 성기를 정확하게 표현하기

1) 성기관 및 성감대 인식과 표현의 중요성

성교란 남성과 여성의 의사소통, 성기결합 등을 포함한 인간의 삶의 한 방식이다. 즉, 몸의 대화이며 동시에 마음의 대화이다. 성에 대한 정보가 넘쳐나고 있지만 과학적이고 인간을 존중하는 정보는 많지 않다. 성행위를 금기시하는 경향이 많이 줄었으나 아직도 성과 관련한 대화를 하는 데에는 꺼려지고, 특히 부부간에도 매우 어색해 하는 것도 사실이다. 부부간에 성교를 통하여 서로 간에 이해를 깊이 할 수 있고 기쁨을 더 할 수 있으며 이를 통해 행복을 추구할 수 있다. 앞서 사랑의 일부 요소를 강화하거나 확인하기 위해서 성교를 수단으로 활용할 경우 그에 대한 책임을 여성이 질 수 있기 때문에 성교에 대한 자기 결정력을 높이기를 권유하였다. 하지만, 결혼 후에는 사랑의 3요소를 더욱 강화시키고 풍성히 하기 위해서 성교를 적극 활용할 필요가 있으며, 이를 통해 결혼생활에서 정서적으로 풍요로움을 경험할 수 있다.

행복하고 즐거운 성교는 먼저 자신의 욕구를 표현하는 데에서부터 시작한다. 그러기 위해서는 자신이 인식한 바를 상대방도 정확하게 인식할 수 있도록 분명하고 구체적으로 이야기해야 하나, 이야기하는 자신 스스로도 자기의 신체 부위 명칭을 정확하게 알지 못하는 경우가 있고, 특히 자신의 신체 어떤 부위가 민감하고 자신을 흥분시키는 부위인지 알지 못하는 경우가 많다. 이러한 상황에서 먼저 자신의 성기를 잘 관찰할 필요가 있다. 많은 경우 성과 관련한 강의에서 강연자들은 청중에게 자신의 성기를 관찰하여 그려 보는 것을 과제로 부과한다. 특히 여성의 경우 거울로 자신의 성기를 자세히 관찰하도록 한다. 성 의사소통에서 가장 우선시 되어야 하는 것은 자신의 성기를 소중하고 아름답게 생각하고 자신의 욕구를 소중하게 생각하는 것이다. 이를 위해 자신의 성기를 잘 관찰하는 것이 필요하다.

또한, 볼 터치 도구, 깃털 등으로 자신의 몸 부위를 자극해 봄으로써 성적으로 자신을 흥분시키는 곳이 어디인지 스스로 파악해 본다. 이를 통해 자신의 신체 부위 중 어느 부분이 민감한지, 어떻게 자극하면 기분이 좋은지를 스스로 인식하여 상대방에게 요구할 준비를 할 필요가 있다.

2) 성감대

♀♂ 1차 성감대

성감대에는 1차 성감대와 2차 성감대가 있다.

여성의 1차 성감대의 대표적인 기관으로, 음핵과 G스팟, 소음순과 대음순 등이 있다. 음핵은 오로지 성적인 기능만을 담당하기 위해 존재하는 기관이다. 음핵과 음경은 동일한 기관에서 형성된 것이지만 음경은 소변과 사정 등의 여러 기능을 담당하는 반면, 음핵은 오직 성적 쾌감을 받아들이는 역할만을 한다. 프로이트는 여성이 오르가슴을 경험하기 위해서는 질에 대한 자극이 필수적이어야 한다고 했으나, 마스터스와 존슨은 음핵 자극만으로도 오르가슴 단계에 도달하므로, 음핵을 자극하는 것이 중요하다고 강조하였다.

G스팟은 1950년 독일의 산부인과 의사이자 성과학자인 그레펜베르그(Gräfenberg)가 발견한 지점으로, 질 입구로부터 2~3cm 안쪽, 배꼽 방향에 위치한다. G스팟은 여성의 30~40%에게 있다고 하는 연구가 있는데, Hines(2001)와 같이 전혀 존재하지 않는다고도 주장한 학자도 있다(홍성묵, 2005 재인용).

소음순은 질의 입구를 둘러싸고 음핵 덮개와 회음부로 연결되어 있다. 성적으로 흥분하면 소음순의 해면체가 팽창하는데, 이러한 팽창으로 인해 소음순의 감각이 예민해지고 삽입된 음경의 압박이 음핵에까지 잘 전달된다.

남성의 1차 성감대는 음경이다. 음경의 귀두와 코로나는 접촉 자극에, 음경몸통은 압박 자극에 더 민감하다.

♀♂ 2차 성감대

2차 성감대에는 귀와 목, 회음부가 있다.

귀에 많은 감각세포가 분포되어 있다. 귀에 대고 하는 말과 호흡을 통해 공기가 직접 귓바퀴, 귓구멍, 귓불을 자극하고, 이 때 귀의 표면 온도가 급격하게 높아지면서 온도 차이로 자극이 된다.

목에는 대동맥이 있어 뇌에 피를 공급하기 때문에, 생명 유지를 위한 방어수단으로 신경이 집중되어 있다. 회음부는 항문과 성기(음낭, 외음부) 사이를 말하는데, 회음부에도 많은 신경세포가 분포되어 있어 접촉과 압박 자극에 예민하게 반응한다.

3) 주장하기

성교 시 자신이 좋아하는 것, 상대에게 바라는 것을 분명히 표현하는 연습이 필요하다. 성교와 관련한 부부간의 대화는 처음 시작할 때에는 부담스럽고 어색하지만, 일단 대화가 시작되고 그로 인해 성 만족에 도움이 되는 것을 경험한다면 더 적극적인 대화가 시작될 것이다.

다음 ( ) 안에 들어갈 수 있는 단어를 선택하여 대화를 연습해 보자.

> 여보, 나는 당신이 내 (①)를/을 (㉠)로 (㉮) 정말 짜릿해요/흥분돼요/좋아요/마음에 들어요.

① 음핵, 소음순, 대음순, 질정전, 질, 음경, 귀두, 코로나, 음낭, 귓불, 귓바퀴, 머리털, 겨드랑이, 회음부 → 구체적인 성감대를 표현한다.

㉠ 혀, 입술, 손가락 끝, 손, 코, 속눈썹, 이빨, 질 → 자극할 수 있는 수단을 구체적으로 표현한다.

㉮ 부드럽게 대었을 때, 살짝/세게 빨았을 때, 천천히/세게 빨아 주었을 때, 살살/세게 만져 주었을 때, 천천히/세게 문질러 주었을 때, 살짝 깨물어 주었을 때, 빙빙 돌려 주었을 때, 천천히 침을 묻혀 주었을 때, 살짝 숨을 불어넣어 주었을 때 등 → 자극하는 방법을 구체적으로 묘사한다('자극한다.' 등과 같은 포괄적인 단어는 지양한다.).

생각해 보기

1. 성기관에 대해 갖고 있었던 오해가 있었다면 무엇이 있는가?
2. 자신의 성기관의 명칭과 위치, 기능에 대해 얼마나 알고 있는가?
3. 자신의 성기관을 손으로 대었을 때 어떤 느낌이 드는가?

참고문헌

홍성묵(2005). Good sex good life. 서울: HWB.

CHAPTER 6

피임에 대한 잘못된 지식

핵심단어 피임, 계획된 임신, 주기법에서의 부정확성, 질외사정법·성교중단법에서의 불안정성, 약물법에서의 부작용, 여성 건강 차원에서의 피임

개 요 피임의 목적은 계획된 임신에 있다. 계획된 임신은 태교의 관점에서, 여성 건강의 차원에서 중요하다. 피임 방법에는 주기법, 임신방어법, 약물법, 영구피임법 등이 있다. 주기법에서는 부정확성이, 질외사정법·성교중단법에서는 불안정성이 있으나, 남성이 콘돔 등을 착용하고 싶지 않은 이유로 인해 이러한 단점이 많은 피임법을 여성에게 강요하는 것이 현실이다. 여성 건강을 유지하고 배려하는 차원에서의 남성의 노력이 필요하다. 또한, 피임을 성교의 한 과정으로 인식하려는 노력이 필요하다.

1. 상담 사례와 분석

1) 사례 소개

CASE…

사례 1

부인: 남편이 정관수술을 받았는데 임신이 되었어요. 저는 불륜을 저지른 적이 없는데, 남편은 다른 남자와 바람을 폈다면서 저를 정말 심하게 때렸어요. 임신한 저를요. 남편이 수술을 받았는데, 어떻게 임신이 되었는지 아직도 모르겠어요.

남편: 오랜만에 콘돔 없이 하니까 정말 좋았어요. 그런데 어느 날 와이프가 입덧을 하는 거였어요. 나는 정관수술을 했는데요. 다른 남자와 잔 게 틀림없어요. 정말 괴로워요.

사례 2

부인: 나는 임신이 되어서 결혼을 하게 되었어요. 시작부터 우리 결혼은 첫 단추를 잘못 끼웠어요. 남편은 제 배에다 사정을 했어요. 저도 그래서 안심을 했는데……. 남편은 그렇게 해도 임신이 되지 않는다고 했어요. 너무 어렸던 나는 그 말만 믿었죠.

남편: 질에다가 사정만 안 하면 임신이 안 되는 거 아닙니까? 여자가 임신이 된 게 왜 제 책임입니까? 자기 몸은 자기가 알아서 해야지.

2) 사례 1 분석

정관수술을 했다고 하여 바로 정자 사정이 중단되는 것이 아니다. 위와 같은 부부의 대화를 상담 장면에서 접할 경우 상담을 통해 부부갈등을 회복하려는 노력도 중요하지만, 유전자 검사를 받게 하여 남편의 의심을 불식시키려는 노력이 필요하다. 또한, 정관수술 후 얼마 후에 성교를 했는지 질문을 하여 일정기간 피임을 했는지를 확인할 필요가 있다. 위의 대화에서는 피임을 하지 않았다고 남편이 표현을 했으나, 그러한 표현을 하지 않았을 경우 일정 기간 동안 피임을 했는지 질문할 필요가 있다. 이러한 상담 장면에서 활용할 수 있는 질문은 아래와 같다.

- 수술한 날짜로부터 얼마 후에 성교를 하였습니까?(수술 후 피임 기간 확인)
- 수술한 이후 일정기간 동안 어떻게 피임을 하였습니까?(수술 후 피임 방법 확인)
- 정관수술 이후 정자 검사를 받아 본 적이 있습니까?(수술 후 정자 검사 여부 확인)

3) 사례 2 분석

사례 2의 경우 자신들은 피임을 했다고 하나 효과 없는 방법으로 피임하여 원하지 않는 임신을 하게 된 경우이다. 이러한 사례에서 상담 장면에서 활용할 수 있는 질문들은 아래와 같다.

- 임신을 하여 결혼을 하였다고 이야기했는데, 원하지 않던 결혼을 어쩔 수 없이 했단 말인가요? (결혼의 자발성 확인)
- 당시 성교를 한 후에 부인의 느낌은 어떠했습니까?(자발성에 따른 성교 여부 확인)
- 임신 이후 부인의 느낌은 어떠했습니까?(임신 후 여성의 정서적 안정 여부 확인)
- (남편에게 질문) 부인이 임신을 한 게 부인만의 책임이라고 생각하십니까?(남편이 그렇게 생각하는지 여부를 재확인)
- 부인이 임신을 한 사실을 접하며 남편은 어떤 느낌을 가졌습니까?(남편의 임신에 대한 정서 확인)

2. 여성, 남성의 피임 방법

1) 피임의 중요성

'피임'은 '가족계획'과 동일시되기도 하나, 가족계획은 자녀출산에 대한 계획이나 의사결정 등을 의미하며, 가족계획의 구체적이고 실천적인 방법으로 이용되는 것이 피임이다. 피임법은 일시적으로 수태를 막는 데 목적이 있고, 불임법은 영구적 또는 반영구적 불임상태를 초래하는 외과적 시술법을 의미한다.

박영숙, 신혜숙, 이은희, 장순복(1999)은 피임의 조건에 대해 효과가 확실해야 하고, 육체적, 정신적으로 무해하며, 성생활에 지장을 주어서는 안 되어야 함을 주장하였다. 특히 피임의 효과가 일시적이며, 임신을 원하면 언제라도 임신이 가능해야 하고, 피임에 실패하여 수태되더라도 태아에게 전혀 해가 없어야 하고, 실시 방법이 간편하고 부자연스럽지 않아야 함을 강조하였다.

피임은 태교의 관점에서, 여성의 건강 유지 차원에서 중요하다. 태교란 태아도 인간으로 간주하여 존엄하게 생각하고 태중에서부터 교육을 하는 것을 말하는데, 태교의 근본 철학은 '출생 후 10년의 교육보다 태중의 10개월의 교육이, 태중 10개월 교육보다 수태 시 아버지의 노력이 아이의 장래에 커다란 영향을 미친다.'는 전제와 관련이 있다(박영숙 등, 1999, pp.199-200). 즉, 수태 전부터 태아의 건강, 심리상태, 환경 등을 고려하여 최상의 상태에서 임신이 되어야 한다는 데에 피임의 중요성이 있다. 수정 후 자궁에 착상되어 자궁으로부터 모태의 영양분을 흡수하기 전까지 약 3일 간의 시간 동안 수정란은 오로지 난자의 영양분만으로 분열한다. 수태가 될 즈음 여성이 안정되고 가장 좋은 영양을 섭취해야 하고 최상의 컨디션을 유지하도록 임신을 계획하고 피임을 해야 한다.

여성 건강 유지 차원에서도 피임이 중요한데, 대상관계 이론의 심리적 발달 단계 중 공생 단계에서 태어난 아기는 어머니와 자신을 동일하게 생각하고 어머니의 정서를 자신의 정서로 인식한다. 이 때 출산을 한 산모가 자신의 육체적, 정신적인 건강을 돌볼 수 있는 여건이 되어야 안정된 산후조리를 할 수 있고, 이로 인해 아기가 정서적으로 안정되게 성장할 수 있다. 따라서 여성이 정서적으로 안정되게 아기를 키울 수 있는 상황이 되지 않을 때에 피임이 필요하고, 계획된 임신을 통해 아기를 가장 잘 키울 수 있는 심리적, 정서적 상태 때 임신과 출산을 하는 것이 중요하다.

2) 피임의 방법

피임의 방법에는 주기법, 임신방어법, 약물법, 영구피임법이 있다.

♀♂ 주기법

주기법은 월경 주기마다 일어나는 배란일을 예측하여 그 기간에 성교를 하지 않는 피임방법이다. 주기법에는 월경력법, 기초체온법, 점액관찰법 등이 있다.

월경력법은 다음 달 월경일로부터 14±1일 전에 있는 배란일과 정자가 생존할 수 있는 3일 간 등을 고려하여 이때 수정이 되지 않도록 피임을 하는 방법이다. 기초체온법은 체온 측정을 통해 배란 시기를 예측하여 피임을 하는 방법이다. 체온은 화씨 97.7도를 유지하다가 배란기 무렵 급격히 하강하였다가 화씨 98도 이상으로 상승하여 다음 월경 전까지 유지한다. 갑자기 낮은 체온에서 높은 체온이 되는 시기에 배란이 일어나므로 이 때 피임을 하는 방법이 기초체온법이다. 점액관찰법은 질 밖에 분비되는 점액을 관찰하면서 배란기를 알아내어 피임을 하는 방법이다. 임신 가능 기간은 월경 후 점액 분비가 시작될 때부터 가장 많이 분비된 후 3~4일까지이므로, 이 때 피임을 하는 방법이다.

♀♂ 임신방어법

임신방어법에는 콘돔·페미돔·다이어프램·스폰지를 사용하는 방법, 성교 중단법,

질외사정법, 질 세척법 등이 있다.

콘돔법은 발기된 음경에 콘돔을 씌워 정자가 질 내에 들어가지 못하게 하는 피임법으로, 피임과 성병 예방에 효과적이고 부작용이 없는 것이 장점이다. 콘돔은 음경이 발기된 후 삽입하기 전에 착용을 해야 한다. 삽입한 후 사정을 하기 직전에 착용을 한다면 효과가 없다. 또한 사정 후 질에서 뺄 때 정액이 흐르지 않도록 하는 주의와 착용을 할 때 콘돔 끝 정액주머니의 공기를 비틀어 뺀 후 착용해야 하는 주의가 필요하다. 콘돔은 남성의 음경에 착용하는 것처럼 페이돔은 여성용 콘돔으로, 여성의 질 내에 삽입하는 피임도구이다. 페미돔과 마찬가지로 얇은 고무로 만든 다이어프램도 질 속에 삽입하는 피임도구인데, 성교 직전에 다이어프램에 젤리를 발라 질 속에 삽입하여 피임을 한다. 스폰지도 질 내에 삽입하는 피임도구인데, 살정제도 스폰지에 함께 넣음으로써 정자가 자궁경부에 접근하지 못하도록 하는 물리적, 화학적인 피임 방법이다.

그 외의 임신방어법으로 성교중단법과 질외사정법이 있는데, 이는 사정 전 성교를 중단하거나 질 밖에서 사정을 하는 방법이다. 성교 후 물과 식초산을 혼합하여 질을 세척하는 질 세척법도 있다.

♀♂ 약물법

약물법에는 살정제법과 경구 피임제법이 있다.

살정제를 이용한 피임법은 사정된 정자가 자궁경부 내에 들어가기 전에 죽이는 약으로, 젤리, 크림, 정제 등이 형태가 있다. 살정제는 성교를 하기 5~10분 전에 질 안에 넣는데, 어떤 약이라도 피임에 안전하지 않은 단점이 있다.

약물법의 대표적인 방법에 먹는 피임약을 복용하는 경구 피임제법이 있다. 먹는 피임약 복용은 여성 스스로 임신을 조절할 수 있는 장점이 있으나, 성교 전 월경 5일째부터 21일간 매일 계속 복용해야 하는 불편이 있다. 먹는 피임약은 호르몬 조절제로서 배란을 억제하고 수정란의 착상을 막는 효과도 있지만, 구토, 체

중 증가, 비정상적인 월경 초래와 같은 부작용이 있을 수 있다.

♀♂ 영구피임법

영구적 또는 반영구적으로 피임이 되게 하는 방법으로, 난관수술, 정관수술, 루프 설치 등의 방법이 있다.

난관수술은 여성의 난관을 묶는 수술이고, 정관수술은 남성의 정관을 묶거나 일부 자르는 수술이다. 루프는 정자가 난관에 이르지 못하게 길을 방해하는 장치로, 자궁 내에 설치한다. 설치 후 장시간 동안 유지할 수 있으나 골반염이나 여성에게 감염을 초래하는 등의 단점이 있다.

3. 피임에 대한 오해와 바람직한 방법

1) 피임에 대한 잘못된 지식

♀♂ 주기법에 대한 확신

월경력법은 계산이 복잡하고 일정 기간 동안의 월경력 없이는 다음 월경일을 정확하게 알 수 없으며, 월경 주기가 보통 1~2일 정도 차이가 나는 경우가 많기 때문에 정확한 계산이 불가능하다. 기초체온법은 매일 체온을 재서 전날과 비교하는 것이므로 체온은 측정하는 시간과 운동량에 따라 다르므로 일정한 시간대에 동일한 상태에서 측정하지 않으면 부정확하게 되는 한계가 있으며, 점액관찰법은 점액의 점도를 스스로 판단해야 하는 부정확함이 있다. 따라서 오차의 가능성이 큰 주기법으로 피임을 할 경우 주기를 잘못 계산하거나 체온이나 점액을 정확하게 측정하지 못함으로써 피임의 효과가 매우 떨어질 수 있다.

♀♂ 질외사정법, 성교중단법에 대한 신뢰

질외사정법과 성교중단법은 사정 전에 음경을 질에서 빼어 질 밖에서 사정을 하거나 성교를 중단하는 방법이다. 이 방법은 남성이 사정하는 느낌에 대해 정확하게 인식하고, 사정을 하기 전에는 정자가 배출되지 않아야 하는 전제가 있다. 하지만 남성의 흥분기 때 쿠퍼 샘(Cowper's gland)에서 분비물이 나와 요도 점막의 표면을 매끄럽게 해 정자가 잘 통과하도록 윤활유의 역할을 하면서 정자가 배출될 수 있고, 사정을 하기 직전의 타이밍을 조절하기 어려우므로, 질외사정법과 성교중단법은 피임 방법으로 포함을 시키지 않는 경우가 있는 만큼 효과가 떨어지는 방법이다. 남성들이 콘돔 등의 피임도구 사용으로 인해 성감이 약간 둔감해지는 것을 원하지 않거나, 다른 피임도구가 없는 상태에서 성교를 원할 때 여성에게 질외사정법과 성교중단법을 통해 피임에 문제가 없게 하겠다고 설득하는 경우가 있는데, 이는 매우 무책임한 행위이다.

♀♂ 정관수술에 대한 맹신

고환에서 생성된 정자는 정관을 통해 정낭으로 운반된다. 정자는 정낭에 저장되어 정액과 혼합되어 있다가 요도를 통하여 사정된다. 정관수술은 정관을 막는 수술인데, 정관수술 후에는 정자가 점차 배출되지 않지만 수술 전에 이미 생산되어 정관의 말단팽대부에 저장되어 있던 정자가 사정될 수 있다. 따라서 수술 후 3~4개월 동안, 적어도 12회 정도 이상은 별도의 피임을 해야 하고, 4개월 정도 이후에 정액검사를 받고 정자가 나오지 않음을 확인할 필요가 있다. 따라서 정관수술을 받았다고 하여 수술 직후부터 정자의 사정이 없을 것이라고 하는 잘못된 지식을 경계할 필요가 있고, 수술 이후 정확한 검사가 필요하다. 또한, 정관수술 후 성기능이 저해될 것이라는 잘못된 지식으로 인해 여성에게 수술을 강요하는 경우도 있는데, 여성의 경우 난관수술 시 개복을 하거나 복강경에 의해 수술을 하기 때문에 남성의 정관수술보다 위험할 수 있고, 난관에 링을 장치하는 것보다 정관을 묶는 방법이 이후에 임신을 원할 때 회복 효과가 좋을 수 있다.

2) 바람직한 피임 자세

피임을 실행하기 전 다음의 질문에 각자 자신의 생각을 정리해야 하고, 배우자와 이에 대해 나눌 필요가 있다.

- 피임에 대해 어떻게 생각합니까?
- 피임에 대해 잘 알고 있습니까?
- 실제 피임을 어떻게 하고 싶습니까?

위의 질문에 대해 남녀 중에서, 특히 출산에 직접 관여하게 되는 여성이 출산을 할 상황이 아니라면, 피임에 대한 자신의 의견을 분명히 남성에게 이야기할 수 있어야 하고, 여성 건강에 초점을 맞추어 피임 방법을 선택할 수 있어야 한다. 왜냐하면 여성의 신체적 건강이 태아의 신체적 건강에 직접 영향을 줄 수 있기 때문에 여성이 약물을 투여하고 있는 중이라든가 건강상 임신을 피해야 하는 상황이라면 피임이 필요하고 피임 중단 이후에 임신을 하고자 할 때 여성이 피임으로 인해 신체적으로 해가 없이 건강한 상태를 유지해야 한다. 또한 출산 직후 아기는 어머니의 정서를 자신의 정서로 동일하게 받아들이기 때문에 여성의 정서적 안정이 무엇보다도 중요하고, 남성은 여성의 정서적 안정에 도움을 주어야 하며, 상황상 여성의 안정이 어려울 경우에는 피임을 해야 한다. 이러한 관점에서 박영숙 등(1999)은 피임법의 조건을 다음과 같이 강조하고 있다.

- 피임효과가 확실해야 한다.
- 여성에게 육체적, 정신적으로 무해하고, 성생활에 지장을 주어서는 안 된다.
- 피임의 효과가 일시적이며, 임신을 원하면 언제라도 임신이 가능해야 한다.
- 피임에 실패하여 수태되었다 하여도 여성의 건강에 문제가 없어야 하고, 태아에게 전혀 해가 없어야 한다.

• 실시 방법이 간편하고 부자연스럽지 않아야 한다.

특히 피임을 실시함에 있어서 여성의 건강에 초점이 맞추어져 있어야 한다. 피임을 통해 여성에게 긍정적인 효과가 있었는데, 피임의 방법이 생겨나고 다양해져서 여성의 해방에 긍정적인 영향을 미쳤다는 것이다. 또한 여성 스스로 조절할 수 있는 피임법들이 개발되면서 여성의 자율성과 자기결정권에 긍정적인 영향을 주었다. 하지만 피임으로 인해 여성들에게 부정적인 영향도 있었던 것이 사실이다. 피임의 방법에 있어서 남성이 적극적으로 해야 하는 방법으로는 여성의 배란기를 피해 성교를 하거나 콘돔을 착용하거나 정관수술을 하는 등 그 수에서 비교적 제한적이다. 질외사정법이나 주기법 등을 피임의 방법으로 간주하지 않는다고 할 때, 영구피임법을 제외하면 남성이 할 수 있는 방법은 콘돔 착용밖에 없다. 따라서 여성이 적극적으로 피임을 하기 위해서는 호르몬을 조절하거나(경구피임제), 페미돔이나 다이어프램을 삽입하는 방법이 있다. 페미돔은 가격이 비싸고 다이어프램은 자궁경부에서 이탈할 가능성이 많으므로, 비교적 효과적으로 할 수 있는 방법은 경구피임제를 복용하는 것이다. 하지만 합성호르몬을 인위적으로 조절하는 것이므로 월경주기가 바뀌고 호르몬에 적응하는 동안 구토 등의 고통을 겪는 등 여성 건강에 좋지 않은 영향을 준다. 이러한 상황으로 인해 경구피임제 중단 후 임신을 원할 경우 일정 기간 이후에 임신을 권유하고 있다. 결국, 여성이 피임의 주도권을 갖기 위해서 여성의 건강에 피해를 받는 것을 감수해야 하는 현실이 발생하게 되었다.

따라서 여성 건강을 위해 남성의 역할이 중요해지고 있다. 자녀 출산 전에 피임의 목적은 건강한 자녀의 출산이다. 즉, 건강한 자녀를 출산하기 위해 임신할 수 있는 때를 고른다는 것이다. 또한 성교를 통한 성 만족을 하는 데 있어서 여성을 보호하고, 더 이상 자녀를 원치 않을 경우 임신에 대한 부담 없이 성교를 즐기는 데에 피임의 목적이 있다. 누구나 자신의 자녀는 건강하게, 똑똑하게, 성격도 좋게 태어나길 바랄 것이다. 그러기 위해서는 여성의 신체적, 정서적 건강이 바탕이 되어야 하고, 여성 건강에 피해를 주는 피임법은 삼가야 한다. 또한, 성 반응에서 여성의 흥분기가 남성의 흥분기보다 더 중요함을 앞선 장에서 강조하였다.❷ 따라서 만족스런 성교를 위해서는 여성의 건강과 안정이 필요하므로, 여성의 의도를 충분히 파악하고 여성의 의도대로 남성이 적극적으로 콘돔을 착용하는 성교가 되어야 한다.

결국, 피임을 하나의 성교 행위로 인식하는 인식의 전환이 필요하다. 영화에서, 해변을 걸으면서 석양을 바라보다 남녀가 입을 맞추고 뜨거운 성교를 하는 장면을 보았을 것이다. 매우 낭만적인 장면인 것처럼 뉘앙스를 주지만, 그 이후 여성이 임신을 하게 되고 그로 인해 겪게 되는 갈등과 여성의 고통은 영화에서는 나오지 않는다.

같은 장면을 다른 식으로 상상해 보기를 권고해 본다. 〈해변을 걸으면서 석양을 바라보다 남녀가 입을 맞추고 옷을 벗을 때, 남자가 주머니에서 콘돔을 꺼내서 착용을 하고 성교를 한다.〉 이러한 장면에서는 낭만적인 느낌을 가질 수 없으나, 건강한 자녀를 낳기 위해서, 부담 없는 만족스런 성교를 위해서 약간의 낭만을 포기하든지, 콘돔 착용 시 남성이 흥분을 느끼도록 여성이 착용을 해 주는 시도와 연습을 통해 피임을 성교 행위의 과정으로 바꾸려는 노력을 하면 어떨까 하는 제안을 해 본다.

---

❷ 흥분 단계에서 흥분 속도가 남녀에 따라 차이가 있을 수 있으므로, 남성은 자신이 흥분하기 전에 여성을 먼저 흥분시키는 노력이 필요하다. 본격적인 성교, 즉 성기삽입관계를 하기 전에 남성이 여성을 마사지하거나 성감대를 자극하고 애무를 함으로써 여성이 충분한 흥분 단계를 경험하도록 남성이 배려할 필요가 있다. 본 저자는 성교에 있어서의 중심은 남성의 발기에 있다기보다 여성의 질의 점액질의 정도라고 본다. 즉, 여성이 얼마나 성교를 할 준비가 되어 있고 흥분할 준비가 되어 있는지가 관건이다.

생각해 보기

1. 그동안 잘못 알고 있었던 피임 지식은 무엇인가?
2. 어떤 이유로 피임이 중요한가?
3. 잘못된 피임 지식으로 인해 여성에게, 남성에게 줄 수 있는 피해는 무엇인가?

참고문헌

박영숙, 신혜숙, 이은희, 장순복(1999). **현대여성의 건강생활**. 서울: 현문사.

CHAPTER 7

성병

● **핵심단어** 성병, SDT, 사면발니, 매독, 임질, 클라미디아, 헤르페스, 성기 사마귀, 에이즈

● **개 요** 성병은 체외 기생충에 의한 성병, 세균으로 인한 성병, 바이러스로 인한 성병 등으로 구분할 수 있다. 성병은 성기간의 접촉, 구강과 성기의 접촉, 항문과 성기·구강의 접촉과 같은 성교로 전염될 수 있지만, 성교가 아닌 성행위로도 감염이 될 수 있다. 성병에 노출시키는 위험한 행동에 대해 인식하여 성병을 예방하여 자신과 가족의 신체적 건강을 유지시킬 필요가 있다.

1. 상담사례와 분석

1) 사례 소개

성병과 관련한 부부 갈등 사례는 다음과 같다.

CASE…

부인: 며칠 전에 산부인과에서 매독 진단을 받았어요. 저는 성병에 걸릴 만한 일을 하지 않았는데, 그렇다면 틀림없이 이 사람 때문인 거 같아요. 정말 더러워서 함께 자질 못하겠어요.

남편: 더럽다고요? 선생님, 저는 절대로 매독에 걸릴 만한 행동을 하지 않았습니다. 친구들하고 술 먹고 주점에 갔는데, 술김에 도우미하고 키스를 하기는 했지만, 절대로 함께 자거나 한 적은 없습니다. 저 사람이 나하고 이혼을 하기 위해서 나에게 누명을 씌우는 거예요.

2) 사례 분석

♀♂ 분노감정의 해소

위 사례에서 부인이 성병에 걸림으로 인해 남편이 다른 여성과 성교를 하여 성병이 옮았다고 생각하고 있다. 특히, 그로 인해 남편에 대해 심한 분노감정을 표현하고 있다. 부인으로서는 충분히 그럴 만한 이유가 되며, 상담자가 부인의 분노감정을 다루어 줄 필요가 있다. 분노감정을 해소하기 위해 부부 대면상담을 하는 것도 필요하겠지만, 부인의 분노감정이 매우 심할 경우에는 부부간 대면상담 시 심하게 다투는 경우가 발생할 수 있다. 이런 경우 상담자는 부부상담을 진행할 때, 부부 대면상담을 하기보다 부부를 각각 개인상담하면서 부인의 분노감정이 해소될 수 있도록 도와 줄 필요가 있다. 부인의 남편에 대한 분노감정이 어느 정도 해소되었을 때, 부부를 대면하게 하며 부부상담을 진행하면 더 효과적일 수 있다.

♀♂ 공감능력의 회복

남편은 부인 외 다른 여성과 성교를 하지 않았기 때문에 자신은 성병에 걸릴 이유가 없고 오히려 누명을 씌운다고 하면서 부인에 대해 의심을 하고 있다. 이러한 의심은 부인을 정말 의심하는 것일 수도 있겠지만, 자신이 다른 여성과 성교를 하지 않았다는 것을 나타내기 위한 방어적인 행동일 수 있다. 특히 성교를 하지 않았다고 강조하는 것에 집착한 나머지 도우미와 "키스"를 한 경험에 대한 심각성을 간과하고 부인에게 당당하게 자신의 입장을 항변하고 있다.

이처럼 방어적인 행동, 자신의 과오에 대한 왜곡은 남편의 부인에 대한 공감능력을 마비시켜 갈등을 더 심각하게 하고 있다. 이러한 상호작용을 중단시키려면 남편의 부인에 대한 공감능력을 회복시키는 데에 초점을 맞추어 상담을 진행할 필요가 있다. 부부상담을 진행할 때 부인에 대해서는 남편과의 대면상담을 진행하기보다 일부 session을 개인상담을 하면서 분노감정 해소에 초점을 맞출 때, 남편에 대해서도 역시 개인 상담을 통해 남편의 당황스럽고 방어하고자 하는 감정을 수용하면서 상담자-남편 간에 충분한 라포(rapport)를 형성할 필요가 있다. 이를 통해 남편의 방어·왜곡하는 양상이 줄어들 때 부인 외의 다른 여성과 어떤 성행위를 했는지 확인해 볼 필요가 있다.

남편의 경우, 성교를 하지 않으면 성병에 걸릴 수 없다는 잘못된 성지식을 갖고 있으므로, 충분한 라포가 형성된 후에 이러한 사실을 직면시킬 필요가 있다. 매독의 경우 입과 같은 점막이 있는 곳에 매독균이 있다가 키스를 통해 입안의 상처로 감염이 될 수 있고, 이로 인해 부인에게도 감염이 될 수 있음을 인식시킬 필요가 있다. 이를 통해 단지 성교를 하지 않고 키스만 했다는 사실에 남편이 집중하기보다, 키스로도 매독이 감염될 수 있으므로 매독 검사를 의학적으로 받아보게 할 필요가 있다. 또한 부인의 분노감정이 '그럴 만하다.'고 타당화하고 공감하도록 해야 하는데, 개인상담 session 중에 '빈 의자 기법'과 '역할 바꾸기 기법'을 통해 부인의 감정을 공감할 수 있는 계기를 갖게 한 후, 대면상담으로 부부상담을 진행하면서 부인 앞에서 부인의 감정을 공감하면서 사과를 하며 관계를 회복하도록 도움을 줄 수 있다.

하지만 부인의 분노감정이 해소되지 않고, 정말로 남편에게 이혼을 요구하면서 소송을 제기할 수 있다. 이 때 부인은 법원을 통해 남편의 상담 내용을 요구할 수도 있는데, 상담자는 비밀유지의 윤리를 당사자, 법원 등에 설명하며 가능한 상담 내용의 비밀을 유지하도록 노력한다. 이러한 상담자의 노력에도 불구하고 법원 등에서의 강제 소환이나 상담 내용을 공개하지 않음에 따라 상담자에게 불이익을 줄 가능성이 있는데, 이 때 상담자는 남편의 동의를 구한 후 최소한의 기본적인 사실만을 공개하도록 할 필요가 있다. 또한 상담자의 비밀유지 노력과는 별개로, 관계 회복에 초점을 맞추어 부부상담을 진행하던 입장에서 조정자(mediator)의 역할로, 부부가 원만하게 갈등을 중단하고 법적인 절차를 마무리할 수 있도록 도울 필요도 있다.

2. 성병의 종류

성병은 "SDT(sexual transmitted diseases) 혹은 VD(venereal disease)라고 불리운다(하재청 등, 1997, p.237)." Bullough & Bullough(1995)에 의하면, VD의 venereal은 "사랑의 여신인 비너스를 추구한다는, 즉 성교를 한다는 뜻"인데(채규만, 2009, p.413 재인용), 과거에는 성병을 성교에 의해서 걸리는 병으로 인식하였다. 하지만 성병은 성교 외에도 성행위를 통해 전염되기 때문에 성병을 나타내는 말로 SDT의 용어가 더 많이 사용되고(채규만, 2009), 성교만이 아닌 성행위로 인한 감염임을 강조하기 위해 "성 매개 감염"이라는 용어로 사용되기도 한다(Carrol, 2007/2009, p.478).

성병은 감염 경로에 따라 체외 기생충에 의한 감염, 세균(박테리아; bacteria)성 감염, 바이러스(virus)성 감염 등으로 구분할 수 있다(Carrol, 2007/2009). 각각의 특징은 다음과 같다.

1) 체외 기생충에 의한 성병

체외 기생충에 의한 성병으로 대표적인 것은 사면발니에 의한 성병이다. 사면발니에 대해 국립국어원 표준국어대사전(2013)에서는 "사면발닛과의 이. 몸은 게 모양이며, 제5~제8배마다 옆쪽의 돌기 끝에 많은 털이 있다. 사람 음부의 거웃 속에 기생하고 피를 빨아 먹는데 물리면 가려움 발진을 일으킨다."라고 설명하고 있다. 즉 사면발니는 이로서 음모에 살고 피를 빨아먹는 특징이 있다. 사람의 피를 빨아먹기 때문에 피를 빨아먹는 동안 사람에게 알레르기 반응이 생겨 참을 수 없는 심한 가려움증을 동반한다.

사면발니에 감염된 사람과 성교를 통해 음모의 접촉이 없다고 하더라도, 사면발니는 음모에 기생하지 않더라도 24시간 정도 생존할 수 있으므로 사면발니에 감염된 사람이 덮는 이불을 사용하는 것만으로도 사면발니를 옮길 수 있다(Carrol, 2007/2009). 사면발니와 알을 눈으로 볼 수 있고 전용 치료제로 치료할 수 있다.

2) 세균(박테리아)에 의한 성병

♀♂ 매독

매독은 트레포네마 팔리듐(Treponema pallidum)이라는 세균에 의해 전염되는 성병이다. 이 세균은 성기와 항문, 입술의 점막에서 생존하며 피부의 상처로 체내에 침투를 하는데(Carrol, 2007/2009), 잠복기는 10~90일이고 질병의 진행과정은 3기로 구분된다(질병관리본부, 2013). 트레포네마 팔리듐균은 점막에서 생존하고 접촉되는 점막의 상처나 피부의 상처를 통해 감염되므로, 세균에 의해 감염되는 다른 성병인 임질에 비해 발병률은 낮은 편이다(하재청 등, 1997). 하지만 체내에 침투된 세균은 수혈로 전염되는 경우도 있고, 임부로부터 신생아에게 전염이 되기도 하여 임질보다는 훨씬 더 심각한 성병이라고 할 수 있다. 이러한 상황에서 매독은 지정감염병으로 분류된 임질과는 달리 제3군감염병으로, 말라리아, 결핵, 탄저병, 에이즈와 같은 군으로 분류되고 있다(질병관리본부, 2013).

매독은 항생제인 페니실린으로 치료하는데, 박영숙 등(1999, p.373)이 설명한 매독 진행과정은 다음과 같다.

1기 매독은 매독균이 침투한지 3~4주 후에 성기, 항문, 입안, 입술 등에 통증이 없는 궤양(경성하감)이 발생했다가 1~2주 후에 없어지는 상태이다. 이 때 두통과 체온 상승이 동반되기도 한다.

2기 매독은 궤양이 없어졌다가 2~6주 후에 손이나 발바닥에 발진이 생기는 단계이다. 성기, 회음부, 엉덩이 등으로 발진이 퍼지면서 두통, 권태감, 식욕부진, 근육통, 관절염 등의 증상이 동반된다. 치료 없이도 2~6주 후면 사라진다.

2기 매독 이후에는 잠복 매독 단계로서 매독의 진행 단계에 포함시키지 않는 경우가 일반적이다(Carrol, 2007/2009; 질병관리본부, 2013). 잠기 매독의 특징은 모든 증상이 사라지는 것이다. 잠복 매독을 거치면서 30%정도만 3기 매독으로 진행하고 나머지는 자연치유되거나 계속 체내에 잠복된다.

3기 매독은 합병증이 나타나는 단계인데, 피부, 뼈, 신경계, 심혈관계 등에 합병증이 생기는 단계이다. 심장 판막에 염증이 생기거나 동맥 경화증, 신경계의 마비, 치매 등이 걸릴 수 있고, 임신 시 태아에게 침범되어 선천성 매독 등을 유발할 수 있다.

♀♂ 임질

임질은 임균(Neisseria gonorrhoeae)의 감염에 의해 남성에게는 요도염, 여성에게는 자궁경부염을 일으키는 성병이다(질병관리본부, 2013). 임균은 점막에만 생존하므로 점막과의 접촉에 의해서만 감염된다. 즉, 성기 간의 접촉, 구강과 성기의 접촉, 항문과 성기·구강의 접촉 등을 통해야만 전염이 된다(Carrol, 2007/2009).

임질에 감염되면 남자의 경우 1~3일 후에 요도염이 생기며 고름이 나와 바로 알게 되지만, 여성의 경우 생리 등으로 체외로 배출되는 현상 등으로 인해 80~90% 정도는 증상이 없고, 증상이 있어도 임균의 침범 범위에 따라 증상이 다르다(박영숙 등, 1999). 초기 증상으로 자주 소변이 마렵고 소변 시 통증이 느껴지며 질 분비물이 증가한다. 여성에게는 주로 자궁경부염을 일으키는데, 난관까지 임균이 침범했을 경우 복통, 오심, 구토, 발열 등의 증상이 나타나기도 하고, 직장까지 침범했을 경우에는 항문에서 고름이 나오기도 한다.

증상이 없어도 임균에 감염된 사람과 성행위를 할 때 점막이 접촉되면 전염이 될 수 있는데(Carrol, 2007/2009), 임질에 걸리게 되면 항생제인 페니실린을 감염된 사람과 성행위를 한 사람이 모두 투약해야 하고, 세균 배양을 해서 완치 여부를 확인해야 한다. 임질의 후유증으로 골반염, 불임, 임신 시 전치태반 등을 경험할 수 있다(박영숙 등, 1999).

♀♂ 클라미디아(chlamydia)

클라미디아는 클라미디아 트라코마티스(Chlamydia trachomatis)라는 세균으로 감염되는 성병이다. 1~3주의 잠복기를 거치며 임질과 비슷한 증상을 보이지만 정도에 있어서는 임질보다 가벼운 증상을 보이나, 남녀 모두에게서 요도염, 직장염, 결막염 등이 나타나는 특징이 있다(질병관리본부, 2013). 합병증으로 남성에게는 부고환염이, 여성에게는 급성난관염, 바톨린 샘(Bartholin's gland)염, 골반염 등이 나타나기도 한다.

3) 바이러스성 감염으로 인한 성병

♀♂ 헤르페스(Herpes simplex)

바이러스성 감염으로 인한 성병으로 대표적인 것은 헤르페스가 있는데, "입과 얼굴, 성기를 주로 감염시키고 그 부위에 궤양을 만들며"(Carrol, 2007/2009, p.497), 궤양의 형태는 작은 물집의 형태로 나타난다(질병관리본부, 2013). 헤르페스에 감염되면 4일 이내에 증상이 나타나지만, 이후에 면역력이 떨어졌을 때 나타날 수도 있다. 개인마다 증상이 다르나, 타는 느낌이 나다가 입술 주위에 물집이 생기거나 성기 주위가 심하게 가렵다가 물집이 생기기도 한다. 헤르페스는 항바이러스제로 치료를 하지만, 완치는 없으며 감염 후에는 평생 몸속에 바이러스를 가지고 있다가 면역력이 약해지면 발병하게 된다(질병관리본부, 2013).

♀♂ 성기 사마귀

성교를 통해 인유두종 바이러스(human papilloma virus, HPV)에 감염되는 성병으로, 보통 성기에 사마귀가 생기는 증상이 나타난다. 사마귀를 파괴하는 약품을 사용하거나 레이저로 사마귀를 태우는 치료를 하기도 한다(Carrol, 2007/2009).

3. 에이즈(acquired immune deficiency syndrome, AIDS)

에이즈는 후천성 면역 결핍증으로 HIV(human immunodeficiency virus), 즉 인간의 면역을 결핍시키는 바이러스에 의해 발병하는 병이다. 에이즈가 바이러스에 의해 감염되는 병임에도 불구하고 바이러스성 감염 성병으로 분류하지 않는 경우가 일반적이다(Carrol, 2007/2009). 여러 이유가 있지만 "에이즈가 어디에서 왔는지에 대해서 과학자들이 많은 이론을 제시하고 있지만 정확하게 알려져 있지 않고 어떠한 이론도 증명된 바 없는 것"(Carrol, 2007/2009, pp.504-505) 등을 고려해 볼 수 있다. 다만 초기 HIV에 감염된 환자들이 남성 동성애자인 사실을 근거로 성교를 매개로 하여 감염된 것으로 추론하는 가설이 있을 뿐이다. 이러한 상황에서, 성병에 대해 다루는 본 장에서는 에이즈에 대해서 이 정도만 소개하고자 한다.

4. 성병에 노출될 위험이 많은 행위

성병은 성교로 인해 주로 감염되는 병이지만, 성병의 종류에서 살펴본 바와 같이 성교(성기 간의 접촉, 구강 - 성기 간의 접촉, 항문 - 구강·성기 간의 접촉) 외에도 입술 점막과 피부 상처의 접촉(매독), 성병 감염자와의 속옷, 이불 공유(사면발니) 등으로도 성병이 전염될 수 있는 여지가 많다. 따라서 성병에 노출될 위험이 많은 행위에 대해 인식할 필요가 있고, 이러한 행위의 인식을 통해 성병을 예방하려는 노력이 필요하다.

Carrol(2007/2009, p.479)은 성병에 노출될 위험이 많은 행위를 "고위험 성행위"로 명명하며 주의를 요구하고 있는데, 서로 성병에 대한 검사를 받고 오랜 기간 동안 일대일 관계를 유지하는 파트너가 아닌 사람과의 성교, 구강성교, 항문성교를 주의하라고 강조하고 있다. 특히 여러 명의 성교 파트너를 갖고 있는 사람과의 성교와 성행위도 주의하라고 강조하고 있다.

하지만 그 어떤 행위보다도 자신은 성병 감염에서 예외가 될 수 있다는, 즉 "성병 감염의 위험성을 무시"(채규만, 2009, p.425)하는 행동이야말로 성병에 노출되는 위험이 많은 행위이다.

생각해 보기

1. 성교가 아닌 행위로도 감염될 수 있는 성병은 무엇이 있는가?
2. 성교 이후에 증상이 바로 나타나지 않았다고 해도 안심할 수 없는 성병은 무엇이 있는가?
3. 신체적인 건강 차원에서, 배우자만의 성교와 성행위가 중요한 이유는 무엇인가?

참고문헌

박영숙, 장순복, 이은희, 신혜숙(1999). **현대여성의 건강생활**. 서울: 현문사.

채규만(2009). **성행동심리학**. 서울: 학지사.

하재청, 류태형, 김형기, 노영복, 이경희(1997). **성의 과학**. 서울: 아카데미하우스.

Carrol, J. L.(2009). **성심리학**(오영희, 노영희, 강성희, 권젬마, 이은경 공역). 서울: 시그마프레스(원저: 2007년 출판).

국립국어원 표준국어대사전 http://stdweb2.korean.go.kr/main.jsp

질병관리본부(2013) 법정감염병 진단·신고기준 http://www.cdc.go.kr/CDC/notice/CdcKrTogether0302.jsp?menuIds=HOME001-MNU0004-MNU0085-MNU0088&cid=20091

CHAPTER 8

만족한 성교를 위한 조언

- **핵심단어** 발기, 수행불안, 체위

- **개 요** 만족한 성교를 위해 남성은 수행불안(performance anxiety)을 경험하지 않아야 한다. 수행불안을 경험하지 않기 위해서는 기본적으로 남성의 발기가 어떤 과정에서 이루어지는지를 이해할 필요가 있다. 또한, 만족한 성교를 위해 다양한 체위를 시도해 볼 필요가 있는데, 부부간에 서로 대화하며 여러 체위를 시도해 보고 그 때의 느낌을 공유할 필요가 있다.

1. 상담 사례와 분석

1) 사례 소개

CASE…

사례 1

부인: 남들은 잠자리를 하고 나면 느낌이 좋다고 하는데, 저는 그런 적이 없어서……. 그런 느낌이 뭔 지도 잘 모르겠고요. 잠자리를 하고 나면 짜증이 나고 불쾌한 느낌이 들어요. 제가 이상한 건지. 남편이 많이 애쓰는 모습을 보이니까 더 안쓰러워요.

남편: 저는 우리 와이프를 정말 만족하게 해 주고 싶은데 제 맘대로 잘 안 돼요. 와이프는 준비가 된 거 같은데, 제 상태가……. 정말 잘 하고 싶은데…….

사례 2

남편: 매일 똑같은 자세에, 잠자리가 재미가 없어요. 그냥 정기적으로 해야 하는 일이라고나 할까.

부인: 재미요? 누가 할 소리. 저는 이 사람과 잠자리를 하면서 한 번도 사랑받고 있는 느낌을 가져 본 적이 없어요. 자기가 하고 싶을 때, 하고 싶은 대로. 나는 그거 싫거든요.

2) 사례 1 분석

사례 1에서 부인이 오르가슴을 느끼지 못한다, 성교 후 짜증이 나고 불쾌한 느낌이 든다, 남편은 성교를 잘 하고 싶은데 마음대로 되지 못한다는 갈등 양상을 파악해 볼 수 있다.

이와 같은 상담 장면에서 상담자는 먼저 내담자들이 상담자에게 오기까지의 과정을 파악할 필요가 있다. 성상담에 있어서 일반 상담 과정과 가장 큰 차이점이 있다면, 의과적인 진단이 우선 필요하다는 점이다. 성문제에 있어서 신체적인 이상이 없을 때 상담과 교육이 필요하다. 따라서 이 사례의 경우, 상담자에 오기 전에 어떤 의학적인 검사를 받았는지 파악할 필요가 있다. 특히 남성에게 문제가 있다고 인식이 될 경우 발기력 검사, 혈관 검사, 당뇨검사 등 외과적, 내과적 진찰과 진단이 우선적으로 있었는지를 파악하는 질문이 필요하다.

- 상담실에 오기 전에 어떤 검사를 받아 보았나요?(의학적 검사 실시 여부 확인)
- 발기력 검사, 혈액 검사 등에서 어떤 이상 소견을 보였나요?(검사 결과 확인)

또한, 갈등의 양상을 파악하는 질문이 필요하다.

- 언제부터 이러한 관계가 시작되었나요?(갈등의 시점 확인)
- 부인이 느낌이라고 표현하였는데, 어떤 느낌을 말하나요?(오르가슴을 의미하는지 구체화)
- 남편이 어떤 노력을 하였나요?(남편의 애쓰는 모습을 보였다는 것에 대한 구체화)
- 내 맘대로 안 된다고 하였는데, 어떻게 맘대로 안 되나요?(구체적 증상 확인)
- 남편이 성교에서 실패했을 때 부인은 어떤 반응을 보였나요?(부부의 상호작용 확인)

문제 증상의 대상을 확인할 필요도 있는데, 이 사례의 경우에서 부인과 남편 중 누구에게 장애가 더 심각하게 나타나는지를 구체화할 필요가 있다. 사례 1의 대화를 볼 때 정황상 부인이 상담을 의뢰한 것처럼 보이나, 상담자는 누가 상담을 먼저 희망해서 왔는지를 파악하고, 몇 가지 질문을 통해서 누구에게 문제가 더 심각한지 객관적인 사실을 파악할 필요가 있다. 따라서 이러한 경우, 상담적인 기법을 활용하기보다는 초기 면접(intake interview) 때의 면접자의 입장에서 사실에 대한 자료 수집을 위한 질문을 하기를 권장한다.

- 좋은 느낌을 가져 본 적이 없다고 하였는데, 성교를 하고 싶은 마음은 어떠했습니까?(성욕 여부를 파악하여 여성의 성욕장애 여부를 파악)
- 오르가슴은 느낀 적이 없었더라도 성교 시 윤활액 분비의 정도는 어떨습니까? 또는 성교 시 느껴지는 질의 느낌은 어떨습니까?(윤활액 분비 여부를 파악하여 여성의 성적 흥분장애 여부를 파악)
- 자위행위를 통해 오르가슴을 경험해 본 적이 있습니까?, 결혼 전 또는 초기 때 남편과의 성교에서 오르가슴을 경험해 본 적이 있습니까?, 남편 아닌 다른 남성과의 성교에서 오르가슴을 경험해 본 적이 있습니까?(여성 절정감 장애 여부 파악)
- 성 피해를 받은 경험이 있었나요?(여성의 성 피해 여부가 부부 성교에 있어서도 영향을 주므로 이에 대한 확인이 필요하나, 여성을 개인상담할 때 물어 보는 것을 권장하고, 충분하게 rapport가 형성된 후 질문해야 한다.)
- 내 맘대로 잘 안 된다고 하였는데, 발기가 잘 되지 않았다면 자위행위에서의 발기력은 어땠습니까?, 결혼 전 또는 초기 때 부인과의 성교에서 발기 상태는 어땠습니까?, 부인 아닌 다른 여성과의 성교에서 발기 상태는 어땠습니까?(남성 발기 장애 여부 파악)
- 자위행위 시 사정은 어땠습니까?(남성 절정감 장애 여부 파악)
- 새벽에 발기 상태는 어떨습니까?(REM[3] 주기 때의 발기 상태 확인)

마지막으로 수행불안의 정도를 확인할 필요가 있다. 위의 질문들을 통해 부인에게 이상이 없으나 남편이 부인과의 성교 때에만 발기가 잘 되지 않는다면 수행불안을 의심해 볼 수 있다. 이를 확인하기 위한 질문은 아래와 같다.

- 부인과 성교 전에 어떤 마음을 갖습니까?(성교 전 automatic thinking 확인)

---

❸ REM: Rapid Eye Movement의 약자. 눈동자가 빠르게 움직이는 수면상태에 도달하면, 남성의 음경에 혈액순환이 좋아져 발기된 상태가 유지된다.

- 성교 전 남편의 느낌은 어떻습니까?(성교 전 남편의 감정 확인)
- 남편은 성교에 대해서 어떻게 생각하십니까?(성교에 대한 인식 확인, 과제로 인식하지 않는지를 확인)
- 평소에 자신이 맡은 일은 어떻게 처리하십니까?(완벽주의적 성향 확인)

2) 사례 2 분석

사례 2에서 파악할 수 있는 부부의 갈등으로 성교를 하면서 만족을 느끼지 못한다는 상황과 성교에 대해 남편은 과제처럼 인식을 하고 있고, 부인은 성교 시 남편에게 배려를 받지 못한다는 상황을 알 수 있다. 이와 같은 상담 장면에서 활용할 수 있는 질문들은 다음과 같다.

- 매일 똑같은 자세로 성교를 한다고 하였는데, 어떤 자세인가요?(체위 확인)
- 그 자세는 누가 희망하였나요?(희망자 확인)
- 다른 체위로 성교를 해보려는 시도가 얼마나 있었나요?(체위 변화 시도 확인)
- 체위를 바꾸자고 어떻게 이야기해 보셨나요?(요구 시 구체적인 질문 확인하여 적절하게 질문했는지 여부 확인)
- 체위를 바꾸자고 했을 때 상대방의 반응은 어땠나요?(상대의 반응 확인)
- 당신은 어떤 체위로 성교를 하고 싶은가요?(당사자 의향 확인)

2. 수행불안(performance anxiety)

1) 발기의 매커니즘(mechanism)

수행불안을 이해하기 위해서는 먼저, 음경 발기의 메커니즘과 음경의 구조를 이해할 필요가 있다.

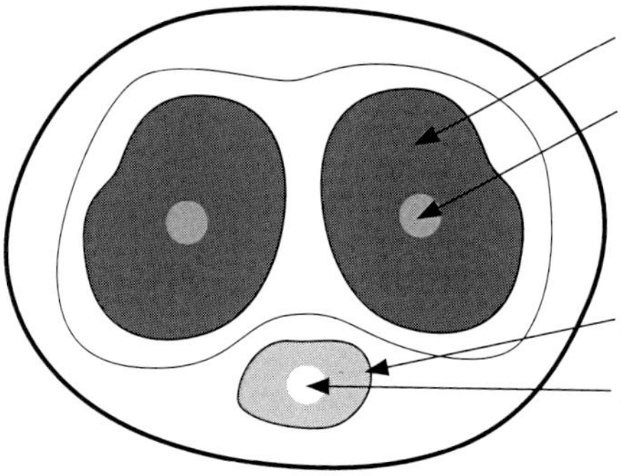

그림 8-1 음경의 단면도

음경의 발기는 음경 해면체에 피가 가득 차면서 일어나는 현상이다. 음경은 해부학적으로 두 개의 음경해면체와 한 개의 요도해면체 등으로 이루어져 있다.

음경에서 두 개의 원기둥처럼 자리 잡고 있는 음경 해면체에 음경 혈관이 있는데, 척추에 있는 부교감 신경이 음경혈관을 자극하면 혈액이 유입되고, 반사적으로 음경 판막이 닫혀 혈액이 갇히면 음경이 발기가 된다. 따라서 음경이 발기될 때 영향을 주는 것은 혈액의 활발한 순환, 음경 해면체의 건강함, 음경 혈관의 건강함, 음경 판막의 정상적 작용 등이다. 흥분이 되었을 때 음경의 몸통은 단단해지지만 귀두는 근육의 탄력성으로 말랑말랑하여 질 속에 삽입이 가능하고, 쿠퍼샘(Cowper's gland)에서 분비되는 액체로 귀두 끝에 윤활액이 묻어 삽입을 도와준다. 물리적, 시각적인 자극에 의해서 흥분 단계가 시작되고 발기가 시작된다.

2) 수행불안

수행불안은 어떤 행위를 하는 데 있어서 제대로 하지 못할까에 대해 불안감을 느끼는 것을 말한다. 예를 들면, '잘할 수 있을까?' 또는 '실패하면 어떻게 하지?'라고 하는 생각으로 인해 어떤 행위에 집중을 하지 못하거나 특정 현상에 과도

하게 집중을 하고, 그러면서 불안을 느끼는 현상을 말한다. 성교에 있어서 수행불안을 일으키는 원인을 "오이디푸스 콤플렉스(Oedipus complex)적 갈등, 부부간의 권력 투쟁 등 섬세하고 뿌리 깊은 원인"에서 찾을 수도 있다(Kaplan, 1974/1990, p.161). 하지만 신경증이나 정신분석학적인 불안 원인을 고려하지 않는다면, 많은 경우 불안정한 남성이나 남보다 뛰어나고 싶다는 요구가 지나치게 많은 남성, 성교의 실패에 지나친 죄책감과 불안을 갖고 있는 남성, 배우자와의 관계에서 정서적인 친밀감이 부족한 남성인 경우 수행불안을 경험할 가능성이 높다. 이러한 수행불안을 경험하는 남성은 '반드시 상대방에게 만족감을 주어야 한다.', '성교를 하면서 잘 해내지 못하면 어떻게 하지?', '지난번에 실수한 것처럼 이번에도 실수하면 어떻게 하지?'라는 생각에 쉽게 휩싸인다. 수행불안을 느끼게 되면 부교감신경이 정상적으로 작동하지 않아 음경 판막이 긴장하게 되고, 그러면서 음경 내에 유입된 혈액이 잘 가두어지지 않아 발기가 잘 이루어지지 않는다.

발기불능에 대한 불안을 경험하면 결과적으로 발기불능을 경험하고, 이로 인해 다시 발기불능의 불안을 경험하는 악순환을 경험하게 된다. 이러한 악순환에 의하여 한 번의 일시적인 발기 실패에도 심각한 발기불능을 경험할 수 있다.

3) 수행불안의 치료

수행불안은 여성의 긍정적인 피드백을 통해 남성이 '실패해도 괜찮다.'라고 하는 자신감을 갖게 되면서 극복할 수 있다. 남성의 자신감을 회복시키는 여성의 말로, '괜찮아요, 누구나 이럴 수 있어요.' 등을 예로 들 수 있겠다. 또한, 성교를 하나의 과제로 인식하지 않고 놀이로 인식하는 연습이 필요하다. 이러한 수행불안을 극복하게 하는 치료법으로 감각초점훈련(sensate focus training)이 있는데, 이는 이후에 성기능 장애 치료를 다루는 장에서 자세히 다루어 보기로 한다.

3. 체위

부부상담에서 남성의 경우 수행불안으로 인해 성교에서 어려움을 경험하고 있는 경우가 많고, 여성의 경우 남성의 일방적인 체위 요구나 동일한 체위만으로 하는 성교로 인해 불만족을 토로하는 경우가 많다. 본 장을 통해 부부들이 각각의 체위의 특성을 파악하고, 서로에게 만족을 주는 체위를 찾기 위해 대화하고 배려하는 기회를 갖기를 바란다.

성기관의 구조는 개인마다 다른 모양을 가지고 있다. 따라서 가장 만족감과 쾌감을 주는, 누구에게나 적용되는 체위는 없다. 성교를 하는 개인의 성기관의 구조, 정서적인 안정감과 친밀감의 정도, 성교 시에 상대방을 자극하는 방법 등에 따라 성교 시 만족되는 쾌감의 정도가 다르기 때문이다. 따라서 여러 체위의 형태를 알고, 각각 체위의 특징을 비교분석하여 자극되는 부위, 장점 등을 확인한 후 각자 부부에게 맞는 체위를 찾는 과정이 필요하다. 이를 위해서는 성교 중과 성교를 마친 후에 자신의 느낌을 이야기하는 시도와 과정이 필요하다.

"마스터스와 존슨은 음핵을 자극해야 오르가슴에 이른다고 하였고, 그레펜베르그는 G스팟을 자극 받아야 오르가슴에 이른다."고 하였다(홍성묵, 2005, p.179). 하지만 본 저자는 오르가슴을 느끼기 위한 시도들이 성교의 하나의 행위로 인식이 되어야지, 성교의 목적이 되어서는 안 된다는 의견이다. 따라서 어떤 체위가 G스팟과 음핵을 집중적으로 자극하는지에 관심을 갖는 것도 중요하겠지만, 각 체위의 장점들을 인식하여 각자와 배우자에게 맞는 체위를 찾아가는 시도가 더 중요하다는 것을 강조한다.

1) 체위의 종류

♀♂ 남성상위

남성상위는 정상위, 선교사 체위(missionary position) 등으로 불린다. 여성이 누워 하늘을 보면 남성이 여성을 바라보며 엎드리는 자세이다. 남성이 다리를 여성의 허벅지 안쪽으로 밀어 넣어 여성의 다리를 더 벌리게 하거나 여성이 남성의 허벅지 안쪽으로 다리를 쭉 펴고 자세를 잡을 수 있다. 남성상위 자세는 남성의 허리 근력과 주도성이 요구되어, 여성에게 소극적이고 위축된 남성이 남성상위 체위를 통해 자신감을 회복시키는 데에 도움을 받을 수 있다. 다만 남성이 손이나 팔꿈치로 자신의 몸을 땅에 지탱해야 하기 때문에 손이 자유롭지 못하나, 허리 근력이 좋지 않은 여성에게 좋은 자세이고, 음경이 음핵을 직접 자극하고 남성이 음경의 각도를 조절할 수 있는 장점이 있다.

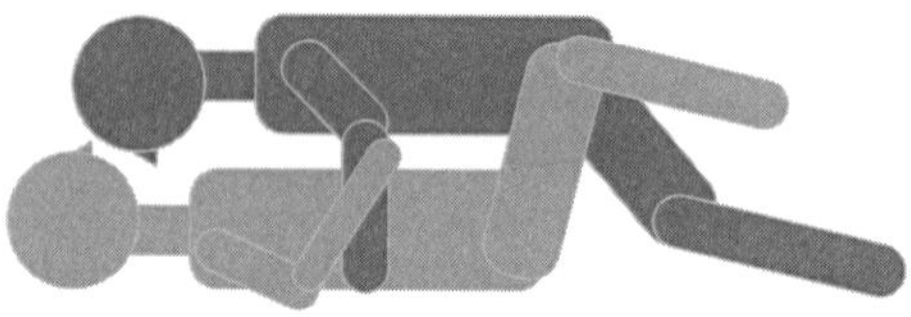

그림 8-2 남성상위

♀♂ 여성상위

여성상위는 남성이 누워 하늘을 보면 여성이 무릎을 꿇어 남성 위에 앉거나 발바닥을 바닥에 대고 쪼그려 앉는 자세이다.

여성상위는 여러 체위 중 가장 권장할 만한 체위이다. 남성의 조루증과 여성 절정감 장애를 치료하는 데에 본 체위가 적극 권장되기도 한다. 여성상위의 장점은 여성이 주도적으로 자신의 만족을 위해 자세를 취할 수 있다는 점이다. 남성의 경

그림 8-3 여성상위

우 귀두를 포함한 음경 전체로 감각 세포가 퍼져 있지만, 여성의 경우 음핵, G스팟 등 질에서도 특히 예민한 부위가 있다. 따라서 여성상위를 통해 여성이 주도적으로 음핵과 G스팟이 자극되도록 위치를 조절할 수 있다. 음경이 직접 음핵에 닿거나 남성이 누운 상태로 음핵을 자극할 수 있기 때문에 여성이 오르가슴 단계를 경험하게 할 수 있는 가장 좋은 자세이다. 위축되거나 자신감이 부족한 여성이 본 자세를 통해 자기 주도성을 회복하는 데 도움이 되고, 남녀가 서로 마주보고 이야기를 할 수 있고, 여성과 남성이 손이 비교적 자유로워 서로 상대방을 어루만질 수 있는 장점이 있다.

♀♂ 측면위

남녀가 옆으로 누운 상태에서 서로 바라보는 자세이다. 남성이 다리로 여성의 허리나 엉덩이를 감싸거나 여성의 안쪽 허벅지에 남성의 다리를 넣어 여성의 다리를 벌리게 할 수도 있다. 삽입의 깊이가 깊지 않고 한쪽 손이 자유롭지 못한 단점이 있으나 남녀 모두 주도성을 가질 수 있는 장점도 있다.

그림 8-4 측면위

♀♂ 후배위

후배위는 동물들이 짝짓기를 할 때의 자세와 유사하다. 여성이 무릎을 꿇고 팔꿈치나 손바닥을 바닥에 닫게 해 상체를 지탱하고, 남성은 여성의 뒤에 위치하는 자세이다. 혹은 여성이 무릎을 꿇지 않고 다리를 곧게 펼 수도 있다. 음핵이 직접 자극되지 않지만 남성이나 여성의 손으로 직접 음핵을 자극할 수 있는 장점이 있다. 남녀가 한 방향을 보고 있어 대화를 하거나 눈맞춤을 하는 데에 어려움이 있는 단점이 있다.

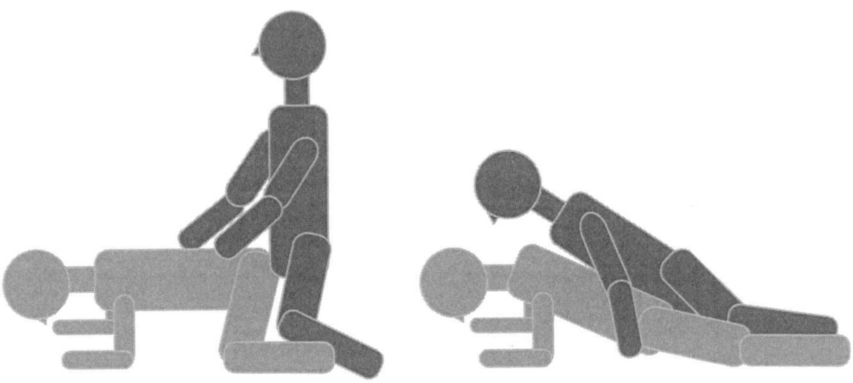

그림 8-5 후배위

생각해 보기

1. 남성에게 수행불안을 일으키게 하는 여성의 대화는 어떤 것이 있는가?
2. 수행불안과 관련이 있는 요소는 어떤 것이 있는가?
3. 각 체위의 장점과 단점은 무엇이 있는가?

참고문헌

홍성묵(2005). **Good Sex & Good Life**. 서울: HWB.

Kaplan, H. S. (1990). **새로운 성치료**(이근후, 성금영, 박영숙 공역). 서울: 하나의학사(원저: 1974년 출판).

CHAPTER 9

성 관련 장애에 대한 이해

핵심단어 성기능 부전, 수행불안, 케겔 운동, 감각초점훈련

개 요 성 관련 장애는 성기능 부전, 변태 성욕, 성정체감 장애로 분류된다. 성기능 장애는 신체적인 원인으로 인해 발생하기도 하지만, 개인적·문화적 요인, 특히 관계적인 요인에 의해 발생하기 쉽다. 남성의 경우 수행불안으로 인해 발기장애를 경험하기 쉽고, 여성의 경우 관계의 문제로 인해 오르가슴 장애를 경험하기 쉽다. 성행위를 놀이로 생각하고 성교에 집착하지 않고 남녀 간에 서로 대화하면서 감각지도를 그려가면서 자극하는 감각초점훈련은 남녀 성기능 부전의 치료법이자 예방법이다.

1. 상담 사례와 분석

1) 사례 소개

다음의 사례를 보고, 부부가 어떤 성 관련 장애를 경험하고 있는지 생각해 보고자 한다.

CASE...

사례 1

부인: 친구 얘기를 들어 보니 남편하고 잠자리를 하면 적어도 30분 정도 한대요. 정말 숨 막히는 잠자리를 한다고 하는데. 우리는 기껏해야 10분, 15분 정도니. 남편이 아무리 오래 하려고 해도 15분 정도면 사정을 해요. 저는 나름 좋은데 친구네 하고 비교하면 제가 이상이 있는 것 같고.

남편: 저도 그 부분이 조금 걱정은 돼요. 포르노에서 보면 1시간 정도도 계속 하는 것을 보았는데. 저도 그렇게 해보고 싶었는데, 한 번도 성공해 본 적이 없어요. 제 발기력에 이상이 있는 건가요?

사례 2

남편: 저는 와이프와 잠자리를 할 때마다 와이프를 만족시켜 준다고 생각해요. 제 와이프는 저와 잠자리를 할 때, 소리를 지르고, 마치고 나면 항상 오르가슴을 느꼈다고 해요. 그런 얘기를 들으면, 저는 남자로서 자부심이 생깁니다.

부인: 저는 오르가슴이 어떤 느낌인지 잘 모르겠어요. 그냥 남편이 사정할 즈음에 맞춰서 소리를 지르는 거 아닌가요? 저도 그 느낌이 뭔지 궁금해요. 사실 관계를 하고 나면 몸이 찌뿌둥하고 무거운데, 남편이 좋아하니까 그냥 소리를 지르는 거예요. 남편이 좋은 게 제가 좋은 거 아니겠어요?

2) 사례 1 분석

사례 1에서 어떤 성기능 장애를 발견할 수 있는가?

사례 1에서는 성 관련 장애 여부를 발견하기 어렵다. 10~15분 정도 성교를 하고, 부인이 나름 성교에서 좋은 감정을 느끼고 있다면 지극히 정상이라고 볼 수 있다. 하지만, 다른 사람들의 과장된 이야기나 포르노 등을 자신의 상황과 비교해서 발기 정도를 판단하여, 발기 장애가 있는지 걱정을 하는 신혼부부들이 많다. 그렇게 걱정하는 것 자체가 성 관련 장애를 유발할 수 있는 원인이 된다.

3) 사례 2 분석

사례 2에서는 어떤 성 관련 장애를 발견할 수 있는가?

사례 2에서는 절정감 장애를 추측해 볼 수 있다. 특히 거짓 오르가슴에 대한 양상을 의심해 볼 수 있다.

2. 성 관련 장애의 종류

성 관련 장애는 정신장애의 진단 및 통계 편람 제4판(DSM-IV)에 의하면 '성적 장애 및 성정체감 장애'로 표현되어 있다. 성적 장애 및 성정체감 장애는 성기능 부전(sexual dysfunctions), 변태 성욕(paraphilias), 성정체감 장애(gender identity disorder)로 분류할 수 있고, 이에 대한 하위분류는 다음과 같다.

- 성기능 부전(sexual dysfunctions)
  - 성욕장애(sexual desire disorder)
  - 성적 혐오장애(sexual aversion disorder)
  - 성적 흥분장애(sexual arousal disorder)
  - 절정감 장애(orgasmic disorder)
  - 성교 통증장애(sexual pain disorder)
  - 일반적인 의학적 상태로 인한 성기능 부전
  - 물질로 유발된 성기능 부전, 달리 분류되지 않은 성기능 부전
- 변태 성욕(paraphilias)
  - 노출증(exhibitionism)
  - 물품음란증(fetishism)
  - 마찰 도착증(frotteurism)
  - 소아기호증(pedophilia)
  - 성적 피학증(sexual masochism)
  - 성적 가학증(sexual sadism)
  - 복장도착적 물품음란증(transvestic fetishism)
  - 관음증(voyeurism)
  - 달리 분류되지 않은 변태 성욕
- 성정체감 장애(gender identity disorder)
  - 달리 분류되지 않은 성정체감 장애

본서에서는 부부상담에서 자주 접할 수 있고, 특히 부부 상호작용과 관련이 있는 성기능 부전에 대해서만 다루어 보려고 한다.

성기능 부전은 성반응 단계와 관련하여 장애가 발생한 상황을 말한다. 흥분 단계와 관련이 있는 '성욕장애(sexual desire disorder)', '성적 혐오장애(sexual aversion disorder)', '성적 흥분장애(sexual arousal disorder)'가 있고, 오르가슴 단계와 관련이 있는 '절정감 장애(orgasmic disorder)'가 있다. 성반응 단계에서 통증을 경험하는 '성교 통증장애(sexual pain disorder)'가 있고, 신체적인 문제로 인해 경험하는 '일반적인 의학적 상태로 인한 성기능 부전'과 기타로 '물질로 유발된 성기능 부전, 달리 분류되지 않은 성기능 부전'이 성기능 부전에 포함되어 있다.

3. 성기능 부전(sexual dysfunctions)의 원인

홍성묵(2005)은 성기능 부전의 원인을 크게 신체적 요인, 문화적 요인, 개인적 요인, 관계적 요인으로 나누었다.

신체적 요인에는 순환계 질환, 심혈관계 질환 등이 있다. 예를 들면, 당뇨병, 고혈압, 고지혈증 등으로 인해 남성의 경우 발기가 되지 않거나 여성의 경우 바톨린 샘(Bartholin's gland)에서의 점액질 분비가 되지 않아 성기능 부전이 되는 경우를 말한다. 문화적 요인으로는 성과 관련한 행위와 대화를 부정적으로 인식하는 문화적 상황, 종교적 상황과 관련한 원인을 말한다.

개인적 원인은 개인이 갖고 있는 고유한 신체적, 정서적, 심리적, 경험적인 특성과 관련이 있다. 예를 들면, 성에 대한 지식이 부족하거나 성에 대한 부정적인 태도를 갖고 있거나, 성격적으로 불안이 많아 수행불안을 경험하거나, 성장과정에서 성에 대해 매우 억압적인 경험을 하여 성행위를 금기시하거나, 성폭력 피해를 당하여 성기능 부전을 경험한 경우를 말한다.

특히 홍성묵(2005, p.232)에 의하면, 관계적 원인은 배우자와의 갈등으로 인해 성기능 부전을 경험하게 되는 원인과 관련이 있는데, 관계적 원인의 세부 내용은 다음과 같다.

- 심각한 문제가 있으나 해결하지 못하고 사는 부부관계
- 대화가 단절된 부부관계
- 균형을 잃고 일방적인 남편, 아내의 역할이 강조되는 부부관계
- 경제적으로 문제가 있는 부부관계
- 폭력적인 부부관계
- 임신에 대한 공포가 있는 부부관계
- 성병에 대한 공포가 있는 부부관계
- 외도하는 파트너가 있는 부부관계
- 동성애적인 경향이 있는 파트너가 있을 때
- 별거 또는 이혼에 따른 후유증
- 별거 또는 이혼 후 오랫동안 성교를 하지 않은 경우

성기능 부전의 원인을 신체적, 문화적, 개인적, 관계적 원인으로 분류한 것과는 달리, Kaplan(1974/1990)은 성기능 부전의 원인을 직접적 원인과 간접적 원인으로 분류하기도 하였다.

Kaplan(1974/1990)은 성기능 장애의 직접적인 원인을 성에 관한 무지, 수행불안, 색정적인 감정에 대한 본능적이고 지적인 방어, 의사소통의 실패 등으로 설명하고 있다. 특히 성에 대한 무지를 중요하게 보았는데, 잘못된 성지식이나 성기관, 성반응 등에 대해 알지 못함으로 인해 갈등이 심해지다가 성기능 부전을 경험할 수 있다고 하였다. 많은 부부들은 성욕에 관하여 충분한 지식을 갖고 있지 않기 때문에 성을 탐구하고 실험하는 것을 망설이며 죄책감을 품고 있고, 특히 여성의 경우 이런 상황 속에서 희생자가 되는 일이 많다. 어디에 음핵이 있는지를 모르고 있고 성적 쾌락을 전달하는 음핵의 기능 등을 인식하지 못하는 부부들이 많다. 이러한 부부의 경우, 대화 없이 성교를 진행하고 아내가 성반응 주기의 어디

쯤 있는가를 배려하지 않고 사정해 버린다. 그러면서도 왜 아내가 오르가슴을 얻지 못하는지에 대해서 진지하게 생각을 하지 못한다. 많은 여성들은 자기 자신의 욕구를 깨닫지 못하거나, 스스로 이기적이라고 생각하고 있는 욕구를 입에 올리면 남편으로부터 거절 당하는 것이 아닌가 하고 두려워하여 욕구를 표현하는 데에 어려움을 느낀다. 이런 상황에서 남편은 자신의 행위가 아내에게 도움을 주지 못하는 것을 이해하지 못하고 아무런 대화 없이 불만족한 성행위를 계속하다가 결국 성기능 부전을 경험하기도 한다.

성교의 횟수, 발기 정도, 성교 시간 등에 대한 잘못된 정보로 인해 자기 자신을 정상이 아니라고 오인하여 성교를 회피하는 경우도 있다. 특히 성적 반응은 자신의 의지대로 되지 않고 연령과 일상생활의 피곤함이 성기능을 감소시킨다는 것을 알지 못하면, 지극히 정상적인 발기 곤란에 대해 지나치게 놀라 불안을 느껴 심한 성기능 부전을 야기하기도 한다.

Kaplan(1974/1990)은 성기능 장애의 간접적인 원인으로 배우자의 거절, 부부간의 불화, 전이, 신뢰의 결여, 부부간 권력 투쟁, 배우자의 성욕을 의도적으로 저지하는 행동 등을 들었다.

4. 성 관련 장애 치료법

1) 케겔(Kegel) 운동

케겔 운동은 '케겔의 요근 훈련(Kegel's pelvic muscle exercise)', '요근 운동', '치골미골근(恥骨尾骨筋) 훈련(pubococcygeous muscle exercises)' 등으로 불린다(Kaplan, 1974/1990). 치골미골근의 약자를 따 'PC근육 운동'이라고도 불린다.

케겔(Kegel, A. H.)은 여성의 회음근과 질 근육의 근력을 강화시켜 요실금을 치료, 예방하는 훈련으로 요근 운동을 고안하였는데, 이 운동을 통해 오르가슴에 이르는 능력을 증진되는 것과 여성의 오르가슴 장애가 치료되는 것을 발견하였다. 특히 이 운동으로 강화되는 회음근은 남성에게는 사정을 참는 데에도 도움을 주어 조루증의 예방과 치료에도 도움이 되는 것도 발견하였다.

Penner & Penner(1990/2008)는 변기에 앉아 소변을 볼 때처럼 다리를 벌리고 소변을 보다가 3초 동안 소변을 정지하고 방광을 다 비우기 전에 이 운동을 여러 번 반복하면서 요근 운동을 연습할 수 있다고 하였다. 이러한 연습을 통해 수축 이완되는 근육을 인식한 후에, 한 번에 10~20번씩을 한 세트로 하루에 1~4세트씩 반복하는데, 한 번 수축했을 때 3~4초 정도 긴장을 유지하도록 권장하였다.

2) 감각초점훈련(관능집중훈련법; sensate focus training)

감각초점훈련법은 수행불안과 발기 장애를 치료하고, 여성에게 있어 성적 흥분장애를 치료하는 데에 활용되는 치료법이다. 하지만 훈련과정 자체가 하나의 성행위이고, 이를 통해 성기능장애의 예방이 가능하므로 예방법으로 활용되기도 한다. 특히 감각초점훈련은 남성과 여성이 역할을 번갈아 가면서 할 수 있다.

수행불안은 성교를 하나의 과제로 생각하고, 잘 해야겠다는 의욕으로 인해 불안이 발생하여 발기 장애의 원인이 된다. 감각초점훈련은 즉각적인 삽입을 최대한 늦추고, 성감대의 자극을 통해 흥분하는 느낌에 집중하는 훈련법이다. 즉, '성행위 = 성교'라는 강박적인 공식에서 탈피하여 성행위를 하나의 놀이로 생각하여 부담감을 덜어 주고 느낌 자체에만 집중하게 하는 방법이다. 이를 통해 성교에 대한 공포심을 줄여 주고 성적 흥분을 일으키게 할 수 있다. 이 방법은 치료법으로도 효과가 탁월한데, 마스터스와 존슨의 연구에 의하면, 일차성 발기 장애 환자의 59.4%, 이차성 발기 장애 환자의 69.1%가 감각초점훈련으로 치료된 것으로 보고되고 있다(하재청 등, 1997, p.291)[4]

방법은 총 5단계로 구성되어 있는데, 1단계는 성감대를 찾는 단계이고, 2단계는 성감대를 자극받으며 느낌 표현하는 단계이다. 1, 2단계에서는 성감대를 찾으며 자극하고 느낌을 표현하지만 성기를 직접 자극하거나 성교를 하지는 않는다. 1, 2단계의 반복을 통해 3단계에서는 감각지도를 그린다. 온몸을 지도로 생각하고 자신의 어떤 부위가 어떻게 만져지면 어떤 느낌이 어떤 강도로 느껴지는지를 이야기하고 상대방은 이를 기억하는데, 3단계까지도 성기를 자극하지 않는다. 4단계는 성기를 자극하는 단계이다. 4단계에서는 매우 부드럽고 천천히 성기를 자극하는데, 이 때 자신의 느낌을 이야기하고 상대방에게 어떻게 자극하기를 요구한다. 특히 손 외에 입술, 혀 등으로 자극해 달라고 요구할 수 있으나 아직 성교는 하지 않는다. 남성의 경우, 사정을 원한다면 성교를 하지 않은 채 사정을 하도록 돕는다. 마지막 5단계는 성교를 하는 단계이다. 4단계까지의 과정을 반복하면서 부부가 충분히 즐겼다면, 남성이 충분히 발기가 되었을 때 여성상위로 성교를 한다. 이 때 남성의 요구로 사정하지 않도록 자극을 줄일 수 있고, 성교 시 느낌과 요구를 계속 주고받는다.

---

❹ 일차성 발기 장애는 자위행위에 의해서 잘 발기되고 다른 상황에서는 자발적인 발기를 한다고 해도 여성과의 성교에서 장애 경험하는 경우를 말하고, 이차성 발기 장애는 발기 장애가 생기기 전 과거의 어떤 시기 이전에는 기능을 잘 하였으나, 그 이후부터 현재에 장애를 경험하는 경우를 말한다.

감각초점훈련에는 대상관계 이론에서 강조하는 요소들이 포함되어 있다. 감각초점훈련은 성교를 놀이로 생각해서, 발기의 어려움에도 불구하고 상대방이 이를 수용해 주고(containing) 버티면서(holding) 안정감(secure base)을 심어 주는 치료 과정이다. 이 훈련을 통해 성교 실패에 대한 불안감이 해소될 때, 즉 실패해도 괜찮다는 안전감과 안정감을 심어 줄 때 발기장애가 치료될 수 있다.

3) 정지-시작법(stop & start technique)

조루증을 치료하는 데에 효과가 있는 이 방법은 남성이 자신의 음경에 대한 느낌을 단계로 나누어 기억하고 있다가 사정 직전 단계 때 자극을 멈추고 사정을 하지 않는 방법이다. 남성이 스스로 자위행위를 하면서 최초 자극의 느낌을 1, 사정할 때의 느낌을 5로 규정하고 1부터 5까지의 단계를 각각 임의적으로 정하여 느낀다. 각 단계를 구분할 수 있는 정도가 되면 남성은 스스로 자위행위를 하면서 4단계 정도 되었을 때 자극을 멈춘다. 이를 4~5차례 정도 반복하다가 사정을 한다. 이러한 상황에 익숙해지면 여성에게 자극을 요청한다.

4) 압착법(Squeeze technique)

남성이 사정을 하려는 직전에 검지와 중지, 엄지를 사용해 남성의 귀두와 코로나

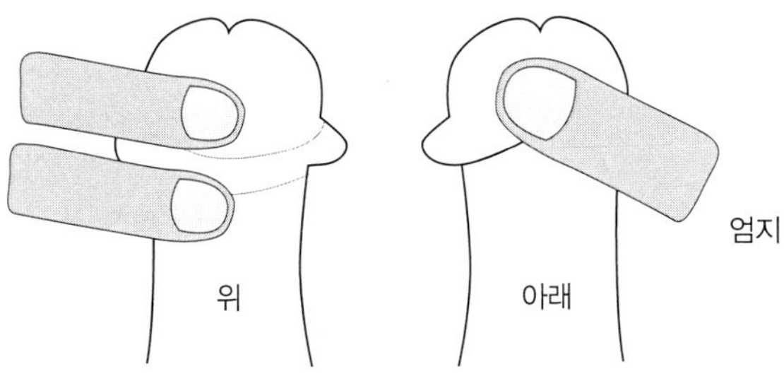

그림 9-1 압박법 시 손가락의 위치

를 눌러 주어 사정을 하지 않고 기분을 가라앉히는 방법이다. 정지-시작법(stop & start technique)을 통해 남성은 사정 직전의 단계인 4단계를 인식한 후, 4단계에서 5단계 사이가 되었을 때 검지와 중지로 음경 귀두와 코로나를 3~4초 정도 꽉 누른다. 발기 정도가 약해지면 다시 자위행위를 하기를 4~5회 정도 반복하다가 사정한다. 이러한 상황에 익숙해지면 여성에게 자극과 압착을 요청한다.

● 생각해 보기

1. 성 관련 장애의 원인 중에서 자신과 관련이 있는 원인이 있다면 무엇이 있는가?
2. 감각초점훈련에서 가장 중요한 행동은 무엇인가?
3. 성치료의 방법들의 공통점은 무엇인가?

참고문헌

정신장애의 진단 및 통계편람 제4판(DSM-IV)

하재청, 류태형, 김병기, 노영복, 이경희(1997). **성의 과학**. 서울: 아카데미서적.

홍성묵(2005). **Good sex & good life**. 서울: HWB.

Kaplan, H. S. (1990). **새로운 성치료**(이근후, 성금영, 박영숙 공역). 서울: 하나의학사(원저: 1974년 출판).

Penner, J. J. & Penner, C. L. (2008). **성상담**(김의식 역). 서울: 두란노(원저: 1990년 출판).

CHAPTER 10

성 의사소통

● **핵심단어** 성 의사소통, 합리적 이기심

● **개 요** 성행위와 관련한 의사소통을 하기 위해서는 먼저 자기와 자신의 몸을 아끼는 마음을 바탕으로 자신의 몸에 대한 감각지도를 그릴 줄 알아야 한다. 합리적인 이기심에 근거하여 자신의 욕구와 요구를 표현하고, 상대방의 요구도 수용하는 것이 성 의사소통의 핵심이다. 대화와 공감을 통한 마음의 대화와 더불어 성행위를 통해 몸으로 하는 대화가 성 의사소통이다.

1. 성 의사소통의 정의

의사소통(communication)에는 언어적 의사소통과 비언어적 의사소통이 있는데, 언어적 의사소통은 말 자체와 글이 전달되는 것을 말하고, 비언어적 의사소통은 억양, 표정 등과 같은 몸짓 표현(body talk)을 의미한다. 언어적 의사소통이 정보를 전달하는 것이라면, 비언어적 의사소통은 정보와 함께 정서를 전달한다.

성 의사소통이라고 하면 성교를 포함한 성행위 때 교환되는 의사소통을 말한다. 성 의사소통의 종류에는 성행위와 직접 관련한 요구와 의견, 성교 시 주고받는 대화와 몸의 표현, 성행위를 수단으로 한 의사표현 등이 있다. 성행위와 직접 관련한 요구와 의견에는 성행위에 관련한 개인의 취향에 대한 표현, 상대방에 대한 요구 표현, 요구에 대한 수용이나 거절에 대한 의견 등이 포함된다. 반면, 성교 시 주고받는 대화와 몸의 표현에는 성교 시 자신의 느낌에 대한 표현과 상대방에 대한 요구, 요구에 대한 수용이나 거절에 대한 의견 등이 포함되고, 특히 상대방에게 자극을 주는 몸짓과 체위 등이 포함된다. 성행위를 수단으로 한 의사표현에는 성행위를 통하여 상대방에게 자신의 의도를 표현하려고 하는 것들이 포함되고, 성행위를 통해 자신의 사랑하는 감정을 전달하거나 성행위의 거절이나 혼외 성교를 통한 상대방에 대한 분노감정을 전달하는 것을 포함한다.

2. 성 의사소통에 영향을 주는 변인

성에 관한 의사소통이 어렵다면, 왜 어려운지를 파악해 볼 필요가 있다. 성 의사소통에 영향을 주는 변인은 다음과 같다.

1) 성에 대한 무지

많은 사람들은 성에 대해 많은 것을 알고 있다고는 하지만, 실제 자신이 알고 있는 성을 명료화하고 분류한다면 그다지 많은 지식을 알고 있지 않고, 그 지식 자체도 사실과 다른 부분이 많다. 따라서 성에 대한 지식 자체가 없음으로 인해 성 의사소통에 어려움이 있을 수 있다.

2) 성과 관련한 단어들이 주는 부정적 이미지

성과 관련한 용어들에는 성기관의 명칭 등이 포함될 수밖에 없는데, 음핵(陰核), 음순(陰脣), 질(膣), 음경(陰莖), 고환(睾丸) 등과 같은 한자어의 조합으로 이루어진 명칭에는 한자 의미상 어두운(陰) 이미지가 많이 있어, 단어를 입에 올리는 것에 있어 심리적인 부담감을 준다. 그 예로 음핵, 음순이 음(陰), 양(陽)의 개념에서 여성의 기운을 의미하는 의미로 음(陰)을 사용했다라고 가정할 수 있겠으나, 남성의 성기를 '양경(陽莖)'이라고 표현하지 않고 음경(陰莖)이라고 표현한 것을 고려하면 성기관을 숨겨야 할 기관이라고 생각하여 그렇게 표현했을 가능성이 높다. 특히 우리말의 성기를 나타내는 말은 욕과 연관되어 있기에 더더욱 표현하는 데에 심리적으로 부담감을 준다.

3) 성을 이야기하는 데에 대한 부담감

성에 대해 관심을 보이거나 성을 직접적으로 이야기하면 사람들은 그림 10-1과

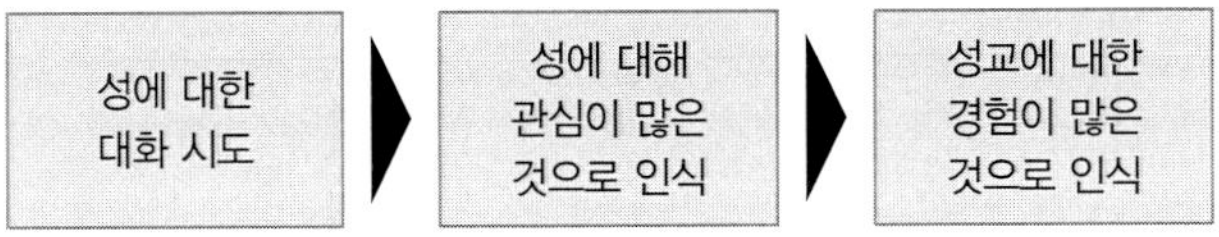

그림 10-1 성에 대한 대화에 따른 오해 과정

같은 도식을 머릿속에 그리는 경향이 있다.

즉, '성에 대한 관심 = 성교에 대한 경험'으로 인지적으로 도식화하여, 자신은 성경험이 많지 않은 순결하고 고귀한 남(여)성인 것처럼 보이고 싶은 욕구에 따라 성에 대한 이야기를 하고 싶지 않는 경향이 있다.

4) 개인의 성장사의 영향

프로이트가 주장한 오이디푸스 콤플렉스(Oedipus complex)기 때 남성은 여성인 어머니를 성적으로 좋아하나 어머니의 남편인 아버지가 이를 알고 거세를 할지 모른다는 공포감을 느껴 노골적으로 표현하지 못하는 대신, 어머니가 좋아하는 아버지를 닮으려고 하면서 남성성을 키우게 된다. 이 때의 전제조건은 어머니가 아버지를 좋아한다는 것이다. 하지만 부모간에 친밀하지 않거나 평소에 아버지를 저주하는 어머니를 보고 자란 아들인 경우에는 매우 억압적인 아버지 밑에서 자라나는 아들인 경우에는 아버지를 닮지 않으려는, 즉 남성성을 부정하는 양상을 나타내며 자신의 성적 욕구도 억압하려는 모습을 보이게 된다.

또한, 성장 과정에서 부모의 반응으로 인해 개인이 남성으로서, 여성으로서 얼마나 자부심을 갖고 살아왔는지가 자신의 몸에 대한 자부심, 자신의 몸의 욕구에 대한 존중감과도 연관이 된다. 특히 부모가 얼마나 자녀에게 상대방을 배려하는 모습을 보여 왔는지가 중요하고, 이를 통해 자녀들은 상대방의 욕구를 존중하고 배려하는 모습을 배우게 된다.

3. 무기로 활용되는 성 의사소통

성교를 수단으로 하여 자신의 주장을 하려는 상황은 성행위가 무기로 활용되는 상황이다. 이러한 의사소통 양상을 보이는 부부의 특징은 역기능적인 관계를 보이거나 상대방에 대한 심한 분노감정을 성행위와 관련하여 표현하려고 하는 것이다. 이러한 의사소통의 결과로 상대방은 심각한 분노감정을 느끼고, 이로 인해 부부 갈등을 회복하기 어렵게 된다. 또한, 성행위를 무기로 쓸 경우 성기능 장애를 야기할 수 있다. 분노감정이 지나칠 경우 남녀 모두 흥분단계에서 충분하게 흥분에 집중하기 어려울 수 있고, 관계에 크게 영향을 받는 여성의 경우 성 불감증을 경험할 가능성이 높다. 특히 무기로 활용되는 성 의사소통을 할 때 부부는 가해자–피해자 구분 없이 모두 가해자의 위치에 있게 된다. 다른 원인이 있으나 성행위를 수단으로 할 경우 갈등의 근본 원인을 직면하지 못하고 계속해서 분노감정만 야기하게 된다. 이러한 과정이 오래될 경우 부부는 스스로 문제를 해결하기 어렵게 된다. Brenton(1974/1994)이 소개한, 무기로 활용되는 성 의사소통의 대표적인 양상은 다음과 같다.

1) 요구의 조건과 교환하는 수단

상대방에게 자신이 원하는 바를 직접 요구하지 못하고 성교를 매개로 교환하듯이 요구를 하는 상황이다. 이러한 대화의 배경에는 상대방으로부터 많은 거절을 당하였고, 그로 인한 수치심이 반복적으로 경험된 경우에 이러한 의사소통이 발생한다. 예는 다음과 같다.

- 당신이 이 요구를 들어 주어야지 성교를 해 주겠어요.
- 당신이 내 요구를 들어 주지 않았기 때문에 나도 성교를 하지 않겠어요.

2) 죄책감을 심어주기 위한 수단

이러한 양상의 의사소통은 상대방을 벌 주기 위해 성교를 거부하는 목적이 있다. 성교를 거부하면서 상대방에게 죄책감을 심어 주는데, 이러한 의사소통은 단순한 거부가 아니라 상대방을 심리적으로 공격하려는, 분노감을 표현하려는 목적이 있다. 예는 다음과 같다.

- 당신이 잘못했기 때문에, 이런 상황에서는 성교를 할 수 없어요.

3) 상대방의 자존감을 파괴하는 폭력적인 수단

이러한 양상 역시 상대방에 대한 분노감정을 표현하는 것에 목적이 있다. 하지만 죄책감을 심어 주기 위한 수단이 소극적이라면, 이러한 양상은 매우 적극적인 표현방식이다. 상대방의 자존감에 상처를 주고 수치심을 심어 주는 것이 주된 목적이다. 예는 다음과 같다.

- 혼외정사
- 당신은 이것밖에 안 되는(이것도 못하는) 별 볼 일 없는 인간이야.

4) 상대방에게 고민을 하게 하는 수단

실수를 한 상대방의 행동에 초점을 맞추어 갈등을 해결하지 않고, 즉 해당 문제를 다루려고 하는 데에는 불안을 느껴 직면하지 않는 대신 성행위에서 이를 표현하면서 고민하게 하는 양상이다. 예는 다음과 같다.

- 내가 왜 성교를 거부하는지 추측해 봐요.

5) 상대방을 지배하려는 수단

상대방을 배려하지 않는 채 매일 성교를 요구해 자신의 성 능력을 과시하면서 자신이 집안의 우두머리라는 것을 확인하려는 양상이다. 이러한 양상은 자신의 권위가 배우자에게서 인정받지 못할 때 보일 수 있다. 즉, 기능적인 부부 체계가 이루어지지 못한, 지배하는 자와 지배받는 자가 존재하는 역기능적인 부부관계에서 성행위를 통해 이를 회복하려는 목적이 있다.

4. 성 의사소통 연습하기

1) 성 의사소통에 앞서 해야 할 일

성 의사소통을 하기에 앞서 자기 자신의 몸에 대한 기관과 명칭을 잘 알고 관찰하는 것이 필요하다. 캘리포니아의 '롱비치 성문제 연구소'에서 활용하는 훈련(Brenton, 1974/1994)과 감각초점훈련과정을 참고하여 자신의 몸에 대해 관찰하는 단계를 설명하면 다음과 같다.

♀♂ 자신의 몸 관찰하기

먼저 자신의 몸을 관찰하는 것이다. 밝은 조명 아래, 발가벗은 상태로 전신 거울 앞에 서 본다. 뒷모습은 보이지 않기 때문에 작은 거울을 통해 뒷모습과 시선이 닫지 않는 부분을 비추어 본다. 머리끝부터 발끝까지 한 군데도 시선을 벗어나지 않도록 차근차근 살펴본다. 시선이 닫지 않는 여성의 대음순과 소음순, 음핵 부위, 남성의 음경 아랫부분, 그리고 남녀의 회음근 부위와 항문 부위는 거울을 통해 자세히 살펴본다. 특히 여성의 경우 쪼그려 앉아 자신의 외부 성기 중에 밖으로 노출된 부분을 자세히 살펴본다.

♀♂ 건드리고 느낌 느껴보기

신체의 각 부위를 모두 관찰하였다면, 손으로 각 부위를 건드려 본다. 정수리 부위에서 발끝으로 내려가면서 빠짐없이 건드려 보고 이 때 느낌을 느껴 본다. 특히 1차 성감대와 2차 성감대를 건드렸을 때에 어떤 느낌이 드는지 느껴 보고 성기를 건드릴 때에는 손끝으로 각 부위를 세분해서 건드려 본다.

♀♂ 생각과 느낌 말하기

관찰하고 느낀 것을 말로 표현해 본다. 특히 관찰할 때나 건드렸을 때 자신에게 불쾌한 감정이 들었다면 그 느낌과 이유를 이야기해 본다. 말로 표현하는 것이 부담스럽다면 글로 써 보는 것도 필요하다.

♀♂ 성기를 집중해서 만져보기

성기를 건드리는 것이 아니라 쓰다듬거나 안마하듯이 만져 본다. 이 때 느껴지는 느낌을 말이나 글로 표현해 본다.

♀♂ 자기 자신의 몸에 대한 감각지도 그리기

감각초점훈련에서 감각지도를 그리듯이 위의 과정을 반복하면서 자신의 몸에 대한 감각지도를 그려 본다. 감각지도에서 어디를 건드리거나 만졌을 때 어떤 느낌이 느껴지는지를 기억해 본다.

♀♂ 불편한 감정 다루기

관찰, 건드리기, 만지기의 과정을 거쳐 음란한 것이라고 생각되는 행위나 순간은 어떤 것이었고 언제였는가에 대해 기억하고 이야기해 본다. 그리고 어떤 이유로 그러한 행위나 순간을 음란하다고 생각하는지를 말이나 글로 표현해 본다. 또한, 거울 앞에 똑바로 서서 관찰하고 건드리면서 해보고는 싶었는데 시도하지 못했던 자세 등은 어떤 것이 있었는지 이야기해 보고, 어떤 이유로 그런 것들을 시도

하지 못했는지 이야기해 보거나 글로 써 본다. 이러한 자기 자신과의 연습은 배우자와 성에 대해 이야기할 수 있는 힘을 줄 것이다.

2) 자신의 느낌과 욕구를 명료화하기

위의 관찰과 건드림, 질문의 과정을 통해 자신은 어느 부위를 어떻게 건드리거나 만질 때 어떤 느낌이 느껴지는지를 명확하게 인식하고 표현할 필요가 있다. 이처럼 자신의 느낌과 욕구, 부담감을 명료화하는 이유는 상대방의 요구를 듣기 이전에 먼저 자신의 욕구와 느낌에 집중하여 표현하는 것이 중요하기 때문이다. 많은 경우 배우자의 성적 욕구를 만족시켜야 하는 부담감이 있는 반면, 자신의 성적 욕구에 대해서는 등한시하거나 외면하는 경향이 있기 때문이다. 이러한 양상으로 인해, 성행위 후에 상대방에게 이용당했다는 후회가 느껴지고, 상대방에게도 자신과 같은 양상으로 책임을 강요하는 악순환이 발생한다.

이러한 상황에서 Brenton(1974/1994, p.170)은 "합리적인 이기심"을 강조하였다. 합리적인 이기심은 상대방의 성적인 만족을 외면하자는 의미가 아니라, '내가 너를 행복하게 해 주어야 하고, 나는 너를 통해 행복해야 한다.'는 강박적이고 비합리적인 신념에서 벗어나 각자의 성적인 만족에 스스로 책임을 져야 한다는 말이다.

3) 무엇을 대화할 것인가?

합리적인 이기심에 근거하여 우리는 성 의사소통을 하는 데에서 내가 바라는 것, 내가 즐겁다고 생각하는 것, 내가 즐겁지 않은 것, 상대방과 성교를 포함한 성행위 시의 느낌 등을 이야기할 필요가 있다. 특히 이러한 이야기를 하기 전, 먼저 나의 느낌과 욕구를 명료화할 필요가 있다.

무엇을, 어떻게 대화할지에 대한 예는 다음과 같다.

♀♂ 성교를 포함한 성행위를 하기에 앞서 자신의 느낌을 이야기한다.

어떤 자극을 즐기는지, 신체의 어떤 부분에서 강한 자극을 받는지, 어떤 부분을 어떻게 자극하면 싫은지에 대해 상대방에게 이야기한다. 또한 자신도 상대방의 이야기를 듣는다.

♀♂ 성교를 포함한 성행위를 하는 도중에 대화를 한다.

키스 중에 어떻게 하니 좋은지, 좋은 느낌을 주는 체위는 어떤 체위인지, 그 때 손의 위치나 자극은 어떠한지, 행위를 할 때 직접 말을 하고 터져 나오는 감탄사를 그대로 표현한다. 또한 상대방의 반응과 말에 대해 수용적인 태도를 보인다.

♀♂ 성교를 포함한 성행위를 마친 후 언제, 어떻게 했을 때 좋았는지, 그 때의 느낌은 어떠했는지 먼저 이야기한다.

불만족스런 감정의 표현과 만족스런 감정의 표현을 1:4의 비율이 되게 불만족스런 상황과 이유를 설명하기 전에 좋았던 점을 충분히 이야기한다. 특히 불만족스런 상황의 표현이 성교가 무기로 되지 않도록 표현할 필요가 있다.

♀♂ 앞에서 다루었던 성 의사소통의 구체적인 예를 다시 소개한다.

다음 ( ) 안에 들어갈 수 있는 단어를 선택하여 대화를 연습해 보자.

> 여보, 나는 당신이 내 (①)를/을 (㉠)로 (㉮) 때 정말 짜릿해요/흥분돼요/좋아요/마음에 들어요.

① 음핵, 소음순, 대음순, 질정전, 질, 음경, 귀두, 코로나, 음낭, 귓불, 귓바퀴, 머리털, 겨드랑이, 회음부 → 구체적인 성감대를 표현

㉠ 혀, 입술, 손가락 끝, 손, 코, 속눈썹, 이빨, 질 → 자극할 수 있는 수단을 구체적으로 표현

㉮ 부드럽게 대었을 때, 살짝/세게 빨았을 때, 천천히/세게 빨아 주었을 때, 살살/세게 만져 주었을 때, 천천히/세게 문질러 주었을 때, 살짝 깨물어 주었을 때, 빙빙 돌려 주었을 때, 천천히 침을 묻혀 주었을 때, 살짝 숨을 불어넣어 주었을 때 등 → 자극하는 방법을 구체적으로 묘사('자극한다.' 등과 같은 포괄적인 단어는 지양한다.)

4) 언제 대화할 것인가?

평소에 성 의사소통이 없던 상황에서 본서를 읽은 후 뜬금없이 배우자에게 성 의사소통을 시도한다면 배우자는 매우 당황할 것이다. 대화에는 단계가 있다(연문희, 1996; 2012). 1단계는 형식적인 대화이고, 2단계는 기본적인 정보나 사실을 주고받는 대화이며, 3단계 대화는 자신의 생각을 이야기할 수 있는 대화이다. 4단계의 대화는 자신의 감정을 이야기하되 좋은 감정만 이야기하는 대화이고, 5단계의 대화는 안 좋은 감정의 차원까지 이야기할 수 있고, 서로 공감하며 더불어 자신의 요구도 표현할 수 있는 차원의 대화이다. 각자가 배우자와 대화하는 내용을 고려해 보면, 어느 차원의 대화를 하는지 알 수 있을 것이다. 성 의사소통은 5단계의 대화이다. 본격적인 성 의사소통을 하기 위해서는 먼저 1~4단계의 대화를 할 수 있도록 부부간에 친밀감을 형성하고 성행위 외의 다른 주제에 대해 개방적으로 대화할 수 있는 분위기 조성이 필요하다.

5) 성 의사소통 시 주의할 점

⚥ 의사소통에 대한 비합리적인 인식 버리기

모든 의사소통에서 적용되는 말이지만, 특히 성 의사소통에서는 말로 표현하지 않아도 느낌으로 상대방이 알 수 있을 것이라는 비합리적인 인식을 버릴 필요가 있다. 나의 요구와 욕구, 느낌을 상대방이 받아들일 수 있게 분명히 전달할 필요가 있다.

♀♂ 쉬운 용어 사용하기

성교를 포함한 성행위는 놀이이다. 특히 배우자와 대화를 할 때 어려운 단어를 사용하며 어렵게, 고차원적으로 대화하려는 시도 자체가 친밀감에 어려움이 있음을 짐작할 수 있다. 최대한 분명하게, 쉽게, 명료하게 표현할 필요가 있다. 더불어 전달하는 말과 표정, 분위기 등의 비언어가 다른 이중구속(double bind)적인 메시지를 전달하여 상대방이 혼란에 빠지지 않게 할 필요가 있다.

생각해 보기

1. 자신의 몸과 성기를 바라보았을 때 부담스럽거나 부끄러운 마음이 든다면, 그 마음은 어디서 온 것인가?
2. 상대방에게 자신의 욕구와 요구를 말하지 못하는 것은 어떤 두려움 때문인가?
3. 합리적 이기심에 근거할 때, 자신에게 부족한 부분은 무엇인가?

참고문헌

연문희(1996). **성숙한 부모, 유능한 교사**. 서울: 양서원.
_____(2012). **참 만남의 대화**. 서울: 학지사.
Brenton, M.(1994). **성 커뮤니케이션 소프트**(이민섭 역). 서울: 한이름(원저: 1974년 출판).

CHAPTER 11

성상담 과정

- **핵심단어** 상담구조화, 라포(rapport) 형성, 사례개념화

- **개 요** 성상담을 할 때, 내담자가 성 관련 문제를 주 호소문제로 내어 놓지 않았을 경우에는 본격적인 성상담을 하기 전에 충분한 라포 형성 과정이 필요하다. 본격적인 성상담을 시작하게 되면, 구체적인 탐색질문을 통해 내담자의 신체적 이상 유무를 확인하여 의학적 진단을 권유할 필요가 있다. 의학적 검사와 진단에도 이상이 없는 경우, 성상담을 시작하는데, 사례개념화를 통해 내담자를 깊이 이해하고 상담목표를 합의한다.

1. 상담자의 접수 면접(intake interview)

내담자가 상담실에 내방하였을 때, 접수면접을 한 후 상담자에게 사례배정이 되는 것이 일반적이지만, 소규모 상담실의 경우 상담자가 접수면접도 해야 하는 것이 현실이다.

2. 부부 중 일방만 내방하였을 경우

부부상담을 위해 부부가 모두 내방을 하면 이상적이나, 그런 경우는 드물고 부부 중 일방이 상담실에 오는 경우가 일반적이다. 이 때, 내담자에게 부부가 함께 상담을 받으면 더 도움이 될 것이라고 안내할 필요는 있으나 내담자의 의사를 존중할 필요가 있고, 상담자의 당위적인 의견으로 내담자에게 부부상담을 강요하지 않도록 주의한다.

3. 상담구조화

가족상담, 부부상담을 포함한 심리상담(counseling)은 상담자-내담자가 다른 사회적 관계(이중관계, 다중관계)를 맺지 않은 상태에서 계약을 통해 시작된다. 계약은 상담신청서에 의해 성립된다. 상담신청서를 작성한 후 비밀보장·회기와 주기·상담료·사적관계 금지·위해요소·타기관 연계 등에 대한 설명이 포함되어 있는 상담동의서를 작성한다. 이러한 과정을 상담구조화라고 한다.

4. 상담 주제 논의

상담신청서에 상담 받고자 하는 주제에 대해 성문제라고 기록하는 사례는 드물다. 상담 초기에 '성(性)'을 언급하기에는 한국 사회의 분위기상 부담이 있고, 상담 초기에는 내담자-상담자 간 라포(rapport) 형성이 충분하지 않기 때문에 깊은 자기 개방이 필요한 성문제를 언급하기 어렵다. 따라서, 배우자와의 갈등에 대해 상담 받고자 한 내담자에게 라포 형성 전 초기 면접에서부터 성문제를 직접 언급하는 것은 내담자의 방어를 강화시킬 수 있으므로 주의가 필요하다. 즉, 아무리 상담자의 직관으로 성문제가 발견되더라도 내담자가 먼저 주제를 꺼낼 때까지 상담자가 기다리는 인내가 필요하다.

이에 비해 처음부터 성문제를 언급할 경우나 상담신청서에 성문제를 표시했을 경우에는 초기부터의 탐색이 필요하다. 단, 부부상담이 아닌 개인상담 시, 특히 상담자와 내담자가 성별이 다를 경우에는 라포 형성의 과정이 필요할 수 있겠으나, 부부상담일 경우에는 처음부터 구체적인 질문을 통해 내담자 탐색을 할 필요가 있다. 탐색을 위한 질문은 다음과 같다.

- 주제 구체화
  - 성문제라고 기록을 하였는데, 구체적으로 어떤 문제를 이야기하고 싶습니까?
- 문제라고 인식하는 내담자의 인식 검증
  - 남편의 발기(부인의 애액)가 문제라고 하였는데, 어떤 상태입니까?, 남편의 사정시간이 문

제라고 하였는데, 구체적으로 얼마 만에 사정을 합니까?, 부인의 성교 거부가 문제라고 하였는데, 어떻게 부인이 거부를 합니까?

- 기본적인 성생활에 대한 탐색
  - 흥분 단계: 성욕구를 느끼지 못한 때가 언제부터입니까?, 어떤 계기로 배우자에게 성욕을 느끼지 못하게 되었습니까?, 배우자에게 성욕을 느끼고 있습니까?, 배우자 외에 다른 이성에게 성욕을 느낀 적이 있습니까?
  - 고조 단계: 발기가 잘 되고 있습니까?, 발기가 안 된다면 잠 잘 때나 자위행위를 할 때 발기가 되고 있습니까?, 애액이 나오지 않는다면 자위행위를 할 때에도 나오지 않습니까?, 오르가슴을 경험할 때 사정을 합니까?, 사정지연 시간은 얼마나 됩니까?, 부부간에 주로 어떻게 애무를 합니까?, 성교 시 어떤 체위를 합니까?, 그 때 본인의 느낌은 어떻습니까?, 선호하는 체위는 어떤 체위입니까?, 선호하는 체위나 자극 방법을 어떻게 배우자에게 이야기합니까?, 배우자가 싫어하는 요구를 할 때 어떻게 반응합니까?
  - 오르가슴 단계: 오르가슴을 느껴 본 적이 있습니까?, 오르가슴 때 어떤 반응을 보입니까?, 오르가슴을 경험하기 전 사정을 하여 불쾌한 적이 있었습니까?, 부부가 함께 오르가슴을 느끼지 못했을 때, 배우자 반응은 어떠했습니까?, 거짓으로 오르가슴 흉내를 낸 적이 있습니까?
  - 이완 단계: 성교를 마치고 어떤 행동을 합니까?, 배우자는 성교를 마치고 어떤 행동을 합니까?, 성교를 마친 후 자신의 느낌은 어떻습니까?, 사정 후 얼마 만에 다시 발기가 됩니까?

♀♂ 병력 확인

현재 내담자와 배우자가 갖고 있는 질병 등에 대해 확인한다. 성격적·정신병적 장애 여부를 탐색하는 것은 물론이고, 심혈관계 질환 등을 확인할 필요가 있다.

♀♂ 이성교제 여부 확인

부부가 배우자 외에 이성과 정서적인 교제를 하는지 여부를 탐색한다. 이성교제를 하고 있다면 스킨십, 키스, 애무, 성교 등의 성생활을 하는지 여부를 탐색한다. 이성교제 주제는 부부상담에서 중요한 주제이지만, 성문제를 초기부터 언급한 내담자라고 할지라도 라포 형성 전에 다룰 경우 방어하게 할 수 있는 주제이다. 따라서 초기에 성문제를 언급한 내담자라고 할지라도 라포 형성 이후에 언급할 필요가 있다. 또한, 부부상담에서 비밀유지 관련 사항을 언급할 때 비밀유지가 어려운 상황으로 이성교제 관련 사항을 언급할 필요가 있다. 부부상담 시 부부를 각각 개인 상담할 수 있는데, 그 때 알게 된 사실 중 배우자에게 비밀을 유지하기 어려운 상담자의 윤리를 언급한다. 따라서 부부상담 과정에서 중간 중간 개인상담으로 진행될 때, 비밀유지가 어려운 상황이므로 감당이 될 만한 상황에서 개방하도록 상담구조화를 할 필요가 있다.

5. 사례개념화

사례개념화는 내담자를 더 깊이 이해하기 위한 과정으로서, 내담자의 주 호소문제를 확인하고 그에 따른 목표를 설정하는 과정이다. 더불어 내담자의 주 호소문제의 원인과 배경을 탐색하여 파악하는 과정이다.

♀♂ 주 호소문제 확인

현재 내담자에게 갈등이 되고 있는 문제를 탐색한다. 단, 정신장애의 진단 및 통계 편람 제4판(DSM-IV)에 근거해서 장애를 진단하려고 하기보다는 내담자가 주관적으로 어떤 문제를 힘들어 하는지 파악하는 시도가 필요하다.

♀♂ 상담 목표 합의

내담자와 상담 목표를 합의를 하는 과정에서는 내담자에게 변화하고자 하는 상태를 확인할 필요가 있다. 즉, 상담을 통해 변화하여 도달하고자 하는 부부간의 상태를 확인한다. 변화하고자 하는 상태는 상담의 목표가 될 수 있으므로, 달성 여부를 판단할 수 있도록 매우 구체적으로 탐색하여 구체적인 상태를 확인할 필요가 있다.

♀♂ 장애요인 탐색

부부가 변화하고자 하는 상태로 가는 데에 막는 요소가 무엇인지 진술하도록 한다. 상담자가 보기에 별다른 요인이 없음에도 불구하고 성 관련 장애 등이 경험된다면, 의학적인 진단을 받도록 권유한다. 따라서 의학적인 이상이 없을 때에도 성문제가 경험되는 내담자를 상담하는 것이지, 심혈관질환, 음경해면체 이상, 심장 이상, 호르몬계 이상 등의 신체적 질환이 있는 경우에는 우선 진료와 치료를 받게 할 필요가 있다.

6. 상담의 방향 설정

사례개념화를 통해 상담 목표가 합의되면, 상담자는 어떤 상담이론의 상담기법 등을 적용할지를 판단한다. 부부간의 갈등으로 인한 성욕과 관련한 장애가 있다고 판단될 경우 본격적인 성상담을 하기보다는 의사소통교정, 개인의 분노감정 해소를 통한 친밀감 회복, 갈등문제 해결 등을 통해 갈등관계를 먼저 다룰 필요가 있다. 특히 부부간에 성 의사소통에 문제가 있는 경우가 많으므로, 이에 대한 수정이 필요하다.

생각해 보기

1. 내담자가 성문제를 직접 주 호소문제로 언급하지 않았을 때, 라포 형성 전에 상담자가 성 관련 질문을 할 경우 발생할 수 있는 위험성은 무엇인가?
2. 사례개념화를 통해 내담자에 대해 무엇을 이해할 수 있는가?

CHAPTER 12

이혼에 이르는 과정에서 성행위의 의미

- **핵심단어** 성행위 단절, 이혼 과정, 이혼 단계, 정서적 이혼, 친밀감 단절, 외도, 부부강간

- **개 요** 부부관계가 단절되고 이혼에 이르게 되는 과정에 여러 단계가 존재하는데, 성행위 단절은 친밀감이 단절된 결과로 나타나는 현상이면서 동시에 친밀감을 단절시키는 원인이 되기도 한다. 성행위 단절은 외도, 부부강간의 개념도 포함하며, 이러한 성행위 단절은 상대방에게 심리적 고통을 주는 수단으로 악용되기도 한다.

1. 이혼 과정

부부가 결혼을 하고 갈등을 경험하다가 이혼을 하는 과정 속에는 여러 단계가 있다. 즉, 결혼 후에 이혼과 같은 부부관계의 파국의 상태가 사건처럼 일어나는 것이 아니라 여러 단계를 거치다가 최종의 단계로 이혼이 된다는 것이다. 이처럼 부부관계가 단절되는 과정에 대해 3단계로 설명한 연구(Bohannan, 1970), 6단계로 설명한 연구(Kaslow, 1984; Sprenkle & Storm, 1983; Kaslow & Schwartz, 1987), 7단계로 설명한 연구(김요완, 2007)가 있다.

부부관계가 단절되는 과정, 즉 이혼 과정을 3단계로 설명한 연구에서는 이혼 과정이 이혼 전 이혼 의사결정 단계 – 이혼 재구성 단계 – 이혼 후 회복 단계로 진행된다고 설명한다(Kaslow, 1984; Sprenkle & Storm, 1983). 이혼 전 이혼 의사결정 단계는 부부 갈등으로 인해 정서적으로 단절을 경험하고 이혼을 결심하며 법적 절차를 계획하는 단계이고, 이혼 재구성 단계는 이혼을 위한 실제 법적 절차를 경험하면서 이혼과 관련한 재산분할, 자녀 양육 문제를 논의하고 결정하는 단계이다. 이혼 후 회복 단계는 법적으로 이혼이 결정되고 이혼으로 인해 변화된 가족관계에 적응하는 단계를 말한다.

Bohannan(1970)은 이혼 과정을 정서적 이혼 – 법적 이혼 – 경제적 이혼 – 공동부모역할 이혼(co-parental divorce) - 지역사회 이혼 - 정신적 이혼 단계와 같이 6단계로 보았다. 정서적 이혼 단계는 친밀한 의사소통이 단절된 단계이고, 법적 이혼 단계는 법적 절차에 의해 이혼이 결정된 단계이다. 경제적 이혼 단계는 법적 이혼 후 재산분할과 위자료 등 재산과 관련한 처분이 끝나는 단계이고, 공동부모역할 이혼 단계는 부모 중 일방이 전적으로 자녀를 양육하면서 이혼 전에 공동부모역할을 했던 관계가 단절되는 단계를 말한다. 지역사회 이혼 단계를 통해 부부가 주거지, 이웃, 관계하던 친구 등을 분리하여 서로 공유하지 않는 단계를 말하고 정신적 이혼 단계는 심리적, 정신적으로도 부부가 아닌 남남으로 살게 되는 단계를 말한다.

3단계 이혼 과정과 6단계 이혼 과정을 절충하여 이혼 전 – 이혼 진행 중 – 이혼 후 단계로 구분한 연구(Kaslow & Schwartz, 1987)도 있다. 이혼 전 단계에서는 정서적 이혼과 같은 특징을, 이혼 중 단계에서는 법적·경제적으로 단절되는 특징을 갖는 것으로 본다. 마지막으로 이혼 후 단계에서는 공동부모 역할·공동지역사회 관계가 단절되고 정신적·심리적으로 단절되는 특징이 있다고 하며, Bohannan(1970)의 6단계 이혼 과정을 3단계로 구분·절충하는 시도를 보였다.

이혼 과정을 7단계로 분류한 연구도 있는데, 즉 갈등 발생 – 자존감 손상 – 무시 – 성관계 단절 – 역할 중단 – 상호 공격 – 단절 단계로 이혼 과정을 설명하였다(김요완, 2007).

2. 이혼 과정에서 성행위 단절의 의미

이혼이라고 하는 행위는 결혼이라는 법적인 행위를 단절하는 행위이나, 단순한 법적인 정리가 아닌 부부로서 상호작용하기를 포기하고 남남으로 관계를 단절하겠다는 의미이다. 즉, 이혼이라는 법적 행위를 하는 데 있어서 부부관계가 단절되는 과정이 있는데, 이러한 과정을 앞서 언급하였듯이 이혼 과정이라고 하였다. 이혼 과정을 단계별로 구분한 연구들을 볼 때, 정서적으로 단절되는 단계들이 포함된 것을 알 수 있다. 즉, 정서적 단절은 이혼 과정에서 발견되는 필수적인 단계이므로, 정서적 단절이라고 하는 부부 상호작용은 이혼이 될 가능성이 있다는, 이혼에 대한 예측 인자로 볼 수 있다. 3단계 이혼 과정(Kaslow, 1984)에서는 이혼 전 이혼 의사결정 단계, 6단계 이혼 과정(Bohannan, 1970)에서는 정서적 이혼 단계, 7단계 이혼 과정(김요완, 2007)에서는 성관계 단절 단계가 정서적 단절과 관련이 있는 단계이다.

정서적 단절이라고 하면 부부가 서로 친밀한 상호작용을 하지 않는 상태를 말하는데(Kernberg, 1995/2005; Bohannan, 1970), '친밀함'이라는 개념은 개인마다 다른 기준과 수준을 갖고 있기 때문에 친밀한 상호작용이 단절되었다고 판단하는 기준을 정하거나 그러한 상태임을 인식하기가 매우 어렵다. 하지만 눈맞춤, 손잡음, 포옹, 입맞춤, 피부접촉, 애무, 성교와 같은 성행위는 부부간에 친밀감이 전제되어야 할 수 있는 행위이다.[5] 따라서 눈맞춤, 손잡음, 포옹, 입맞춤, 피부접촉, 애무, 성교와 같은 성행위가 있는지 여부는 친밀한 상호작용을 하는 여부를 판단할 수 있는 기준이 될 수 있고, 이러한 판단 기준은 이혼을 예측하는 중요한 단서가 될 수 있다. 즉, 성행위가 중단되었다는 것은 친밀한 상호작용이 단절되었다는 것을 의미하고, 정서적 단절과 같은 추상적인 상태를 성행위 단절이라는 외형적인 행동으로 진단할 수 있다(김요완, 2007; 김애순, 2005).

3. 성행위 단절이 이혼을 야기하는 이유

부부간에 성행위가 단절되었다는 것은 단순히 부부간에 성행위가 없다는 것만을 의미하는 것이 아니라, 이로 인해 부부간에 이혼이 될 가능성이 높다는 것을

[5] 부부간에 강간과 강제적인 성행위도 있을 수 있는데, 이는 '4. 상대방을 공격하기 위한 수단으로써의 성행위 단절'에서 다루고자 한다.

의미한다. 이것은 성행위 단절이 부부간의 정서적 단절의 결과로 나타나는 현상으로 볼 수 있지만, 부부관계를 더 악화시키는 원인으로 볼 수 있다(Parrott, III & Parrott, 1995).

그렇다면 성행위 단절이 부부관계를 더 악화시키는 이유를 살펴볼 필요가 있는데, 이는 신체접촉의 효과와 관련이 있다. 성행위와 같은 신체접촉을 하게 되면 인간의 뇌에서는 정서적인 안정을 돕는 세로토닌(Serotonin) 호르몬 분비를 촉진시킨다. 특히 이러한 정서적인 안정을 경험한 개인은 점점 더 정서적 안정을 추구하기 위한 행동에 몰입하고자 하여 신체접촉을 증가시키고자 하는 욕구가 생긴다(Field, 1998; Cole, 1998). 성행위가 단절되었다는 것은 신체접촉을 하고자 하는 욕구가 좌절된 상황인데, 심리적 욕구가 좌절되면 개인은 분노감정을 경험한다(이장호, 금명자, 2012). 즉, 성행위가 단절되면 그로 인해 개인은 분노감정을 경험한다. 하지만 이러한 분노감정은 무의식적인 과정에서 경험되므로, 자신이 어떤 이유로 상대방에 대해 분노감정을 느끼는지 인식하지 못한다. 즉, 성행위가 단절될 경우 부부간에는 그 원인을 인식하지 못한 채 서로에 대한 분노감정이 느껴지고 긴장관계가 유발된다.

원인을 인식하지 못하는 상황은 부부관계를 회복시키는 계기를 마련하지 못하게 하고, 특히 성행위가 단절되어 부부간에 긴장상태가 지속되고 있음을 인식한다고 할지라도 성과 관련한 대화, 즉 성 의사소통을 하지 않는 부부에게는 성행위를 대화의 주제로 삼아 이야기하기 어렵다. 결국 갈등과 긴장은 계속 유지되며 친밀한 관계를 하는 데에 방해요인으로 작용한다.

성행위 단절로 인해 부부간에는 안정감이 경험되지 못하고 분노감정과 긴장이 지속되어 작은 사건에서도 감정이 폭발하여 큰 싸움을 하게 된다. 이러한 상호작용으로 인해 결국 친밀감을 더 이상 느낄 수 없게 되면 부부간에는 이혼을 결심한다(박민지, 2005).

4. 상대방을 공격하기 위한 수단으로써의 성행위 단절

성행위 단절은 단순하게 눈맞춤, 손잡음, 포옹, 입맞춤, 피부접촉, 애무, 성교를 하지 않는 상호작용뿐만 아니라, 배우자 외의 이성과 하는 성행위와 부부 강간의 개념까지 포함된다(김요완, 2007). 즉, 성행위 단절은 부부간의 친밀한 상호작용이 단절된 결과이고 더 심한 갈등을 야기하는 원인이 되기도 하면서, 이혼 과정에서 상대방에 대한 적대적 감정을 표현하는 방식으로 활용되기도 한다.

성행위를 단절함으로써 배우자에게 신체 접촉에 대한 욕구를 좌절시키고, 그에 따라 분노감정을 느끼게 한다. 특히 배우자 외의 다른 이성과 성행위를 함으로써 상대방에게 심리적 고통을 경험하도록 한다.

배우자 외의 대상과 성행위를 하는 것을 일반적으로 외도(affair)라고 한다. 국립국어원 표준국어사전(2013)에 의하면 외도(外道)에 대해 "바르지 아니한 길이나 노릇", "아내나 남편이 아닌 상대와 성관계를 가지는 일"로 뜻풀이를 하고 있다. 네이버 국어사전에 의하면 외도를 오입(誤入)과 같은 뜻으로 설명하며 "아내가 아닌 여자와 성관계를 가지는 일"로 뜻풀이를 하고 있다. 마치 배우자 외의 대상과 성교만을 외도로 표현하고 있으나, 많은 학자들은 더 광범위한 행위를 외도로 보고 있다. 즉, 배우자에 대한 관심과 에너지를 타인에게 보낸다면 외도로 간주하고 있다(Brown, 1999; Willard & Harley, 1998). 이러한 시각은 우리나라 대법원 판례에서도 동일한데, 대법원 92므938 판결문에서는 "민법 제840조 제1호 소정의 재판상 이혼사유인 부정한 행위라 함은 간통에 이르지는 아니하였다고 하더라도 부부의 정조의무에 충실하지 아니한 것으로 인정되는 일체의 부정행위를 포함하는 보다 넓은 개념으로 파악하여야 할 것인데……."(대법원 종합법률정보)라고 하면서 성교보다 넓은 행위를 부정행위, 즉 외도로 간주하고 있다.

이러한 외도를 목격하거나 인지하게 되면, 배우자는 배우자로서 존중받고자 하는 욕구가 좌절되어 분노감정이 유발될 뿐 아니라, 다른 대상과의 비교에서 저평가를 받았다고 하는 것으로 인해 자기에 대한 수치심을 경험하게 된다. 특히 정조의 의무를 지키지 않는 상대방에 대해 모멸감을 느끼게 된다. 이러한 외도와 같은 성행위 단절로 인해 배우자는 상대방에 대한 분노감정과 모멸감, 자기에 대한 수치심 등으로 인해 정서적인 혼란과 심리적 고통을 경험하게 된다.

또 심리적 고통을 경험하게 하기 위해 부부강간을 행하기도 하는데, 상대방에게 고통을 주려는 목적이 있으므로 부부강간을 성행위에 포함하지 않는 것이 일반적이고 부부강간도 범죄 행위로 간주하여 처벌하고자 하는 움직임이 있다. 독일의 경우 "혼인관계 내 강간처벌에 관한 법"을 제정하여 부부간 강간을 금지하고 있고, 영국과 미국에서도 부부관계에서 강간이 발생되었을 경우 면책되지 않는다는 제도를 마련하였다(김종현, 2011). 국내에서도 부부강간죄를 인정하는 판례가 결정되고 있다(한국일보, 2009. 1. 15.).

이처럼 상대방에게 심리적 고통을 안겨 주고 상대방을 공격하기 위해 외도, 부부강간 등의 성행위 단절 행위를 하는 경우도 있다. 이러한 양상으로 인해 부부간의 정서적 친밀감은 더욱 심하게 단절되고 이혼에 이르게 된다.

생각해 보기

1. 성행위는 부부관계를 유지하는 데 있어 어떤 역할을 하는가?
2. 성행위가 단절될 때 부부가 느낄 수 있는 감정에는 어떤 것들이 있는가?
3. 성행위 단절이 이혼을 예측하는 단서로 작용하는 이유는 무엇인가?

참고문헌

김애순(2005). **청년기 갈등과 자기이해**. 서울: 시그마프레스.

김요완(2007). **이혼소송 중인 부부의 부부관계 와해과정 연구**. 연세대학교 미간행 박사학위논문.

김종현(2011). **성폭력범죄피해자의 보호 및 지원방향에 대한 연구**. 한양대학교 미간행 석사학위논문.

박민지(2005). **부부친밀감에 영향을 미치는 원가족 분화수준과 가족규칙 및 부부의사소통**. 연세대학교 미간행 석사학위논문.

이장호, 금명자(2012). **상담연습교본**(제3판). 서울: 법문사.

Bohannan, P. (1970). The six situation of divorce. In Bohannan, P.(Ed.), *Divorce and after*. New York: Doubleday.

Brown, E. M.(1999). *Affairs: A Guide to Working Through the Repercussions of Infidelity*. San Francisco: Jossey-Bass Publishers.

Cole, P. H.(1998). Affective process in psychotherapy: Gestalt therapists' view. *The Gestalt Journal, 21*(1), 49–52.

Field, T. M.(1998). Touch therapy effects on development. *International Journal of Behavioral Development, 22*, 779–797.

Kaslow, F. W. (1984). Divorce: An evolutionary process of change in the family system. *Journal of Divorce, 7*, 21–39.

Kaslow, F. W., & Schwartz, L. (1987). *The dynamics of divorce: A life-cycle perspective*. Brunner/Mazel, Inc.

Kernberg, O. (2005). **남녀관계의 사랑과 공격성: 정신분석적 이해**(윤순임, 이승용, 김정욱, 도상금, 심영숙, 문형춘, 남기숙 역). 서울: 학지사(원저 1995 출판).

Parrott, Ⅲ, L., & Parrott, L. (1995). *Saving your marriage before it starts: seven questions to ask before (and after) you marry*. Michigan: ZondervanPublishingHouse.

Sprenkle, D. H., & Storm, C. L.(1983). Divorce therapy and outcome research: a substantive and methodological review. *Journal of Marriage and the Family, 9*, 239–258.

Willard F. H., & Harley, J. C.(1998). *Surviving an Affair*. Revell.

국립국어원 표준국어대사전 http://stdweb2.korean.go.kr/main.jsp

네이버 국어사전 http://dic.naver.com

대법원 종합법률정보 http://glaw.scourt.go.kr/jbsonw/jbson.do

박창수(2009. 1. 15.). 부부 강간죄 인정 두고 논란. 한국일보, http://news.hankooki.com.

한국일보 http://news.hankooki.com

PART 1 부부 성상담을 마치며

■ 합리적인 이기심

여러분 자신을 사랑하고 여러분의 몸과 느낌, 욕구를 존중하며, 이를 토대로 상대방을 배려하는 마음을 갖길 바랍니다.

But God demonstrates his own love for us in this: While we were still sinners, Christ died for us. (Romans 5:8)

신께서 여러분들을 위해 대신 죽을 만큼 여러분들은 존귀한 존재입니다.

■ 부부간의 대화

부부간의 친밀하고 깊은 대화가 중요합니다. 부부간의 대화는 성기능 장애의 원인과 동시에 치료 수단이 됩니다.

Keep your tongue from evil and your lips from speaking lies. (Psalms 34:13)

상대방을 세워 줄 수 있는, 아름다운 말이 여러분의 입술과 혀끝에서 나오기를 바랍니다.

■ 남녀 차이의 이해

남녀가 다름을 이해하고 서로 상대방이 원하는 바를 알아 배려하길 바랍니다.

Wives, submit to your husbands as to the Lord.

In this same way, husbands ought to love their wives as their own bodies. He who loves his wife loves himself. (Ephesians 5:22, 28)

남성은 권위를 인정 받음으로 인해 자신감을 먹고 사는 존재이고, 여성은 친밀감을 통해 사랑을 받고 있다는 확신이 필요한 존재입니다. 자신감 회복을 통해 남성의 수행불안을 예방하고 치료할 수 있고, 친밀감 형성을 통해 여성의 오르가슴 장애를 예방하고 치료할 수 있습니다.

counseling & education for human sexuality

PART

2

성폭력 상담

CHAPTER 13 성폭력에 대한 이해

CHAPTER 14 성폭력 피해자 상담

CHAPTER 15 성폭력 가해자 상담

CHAPTER 16 성폭력 피해자 지원을 위한 초기 면접

CHAPTER 13

성폭력에 대한 이해

핵심단어 성폭력 범죄, 강간, 성추행, 성희롱, 성폭력 관련 잘못된 통념, 성폭력 2차 피해

개 요 성폭력은 범죄이다. 성폭력은 정도에 따라 강간만이 아니라 성추행, 성희롱 등이 있고, 유형에 따라 아동 성학대, 친족 성폭력, 데이트 성폭력 등이 있다. 성폭력은 여러 문제들로 인해 발생하지만, 특히 성폭력에 대한 잘못된 통념에 의해 많은 영향을 받는다.

1. 사례 및 분석

1) 사례 소개

다음은 성폭력 피해의 일반적인 사례이다.

CASE...

딸: 엄마, 나 열 살 때 아빠 친구가 집에 놀러왔을 때, 나 밤에 자고 있을 때, 내 방에 들어와서 내 몸을 만졌어. 그런데 몇 년이 흘렀는데도 계속 기억에 남고, 지금 생각해 보니까 나 성추행을 당한 거 같아. 그 아저씨가 내 음부는 만지지 않았는데, 내 가슴을 더듬었어.

엄마: 야, 그런 소리 하지 마라. 그 분이 얼마나 훌륭한 분인데. 너 꿈 꾼 거 아니야? 너, 그리고 그 얘기를 왜 이제 해? 왜 그때는 말 못했어? 너 그딴 소리 앞으로 입 밖에 내지 마라. 성추행을 당했다는 너를 남들이 어떻게 생각하겠냐?

2) 사례 분석

♀♂ 아동 성학대 시 피해 인식의 부족

딸과 엄마의 대화에서, 딸은 어렸을 적 경험이 성추행인지 모르고 있다가 커 가면서 성폭력을 당했다는 것을 인식하였다. 이처럼 아동 성학대인 경우, 자신의 경험이 성폭력 피해경험인지 인식을 못하여 즉시 조치를 받지 못하는 위험성이 있다.

♀♂ 보호자에 의한 2차적인 피해

성폭력 피해자의 가족들은 현실을 받아들이기 힘들어 감정을 억압하여 없던 것으로 인식하려고 하거나 오히려 피해자의 잘못 때문으로 돌려 피해자가 정서적으로 심한 피해를 입게 된다. 보호자가 오히려 가해자의 편을 드는 사례를 제시하였다.

♀♂ 성폭력 피해를 대처하는 데의 문제점

성폭력 피해를 피해로 인식하고 상담을 받게 하는 등 적극적인 대처를 해야 하지만, 성에 관련한 문제이고, 특히 성적인 순결에 너무 집착하는 교육을 받아왔을 때에는 성폭력 피해를 경험했을 때 심한 자책감을 경험하고, 무조건 숨기려고 하는 양상을 보인다.

2. 성폭력의 개념

1) 법에 언급된 성폭력

「성폭력범죄의 처벌 등에 관한 특례법」(법률 제11731호, 2013. 4. 5.개정)에 정의된 성폭력은 다음과 같다.

- 「형법」 제2편제22장 성풍속에 관한 죄 중 제242조(음행매개), 제243조(음화반포등), 제244조(음화제조등) 및 제245조(공연음란)의 죄
- 「형법」 제2편제31장에서
  - 약취, 유인 및 인신매매의 죄 중 추행, 간음 또는 성매매와 성적 착취를 목적으로 범한 죄
  - 추행, 간음 또는 성매매와 성적 착취를 목적으로 범한 죄

- 추행, 간음 또는 성매매와 성적 착취를 목적으로 죄를 범하여, 약취, 유인, 매매된 사람을 상해하거나 상해에 이르게 한 경우
- 추행, 간음 또는 성매매와 성적 착취를 목적으로 죄를 범하여 약취, 유인, 매매된 사람을 살해하거나 사망에 이르게 한 경우
- 추행, 간음 또는 성매매와 성적 착취를 목적으로 한 죄를 범할 목적으로 사람을 모집, 운송, 전달한 경우
- 추행, 간음 또는 성매매와 성적 착취를 목적으로 범한 죄의 미수범 중 약취, 유인, 매매된 사람을 수수, 은닉한 죄의 미수범

2. 「형법」 제2편제31장 약취, 유인 및 인신매매의 죄 중 추행, 간음 또는 성매매와 성적 착취를 목적으로 범한 제288조 또는 추행, 간음 또는 성매매와 성적 착취를 목적으로 범한 제289조, 제290조(추행, 간음 또는 성매매와 성적 착취를 목적으로 제288조 또는 추행, 간음 또는 성매매와 성적 착취를 목적으로 제289조의 죄를 범하여 약취, 유인, 매매된 사람을 상해하거나 상해에 이르게 한 경우에 한정한다), 제291조(추행, 간음 또는 성매매와 성적 착취를 목적으로 제288조 또는 추행, 간음 또는 성매매와 성적 착취를 목적으로 제289조의 죄를 범하여 약취, 유인, 매매된 사람을 살해하거나 사망에 이르게 한 경우에 한정한다), 제292조[추행, 간음 또는 성매매와 성적 착취를 목적으로 한 제288조 또는 추행, 간음 또는 성매매와 성적 착취를 목적으로 한 제289조의 죄로 약취, 유인, 매매된 사람을 수수 또는 은닉한 죄, 추행, 간음 또는 성매매와 성적 착취를 목적으로 한 제288조 또는 추행, 간음 또는 성매매와 성적 착취를 목적으로 한 제289조의 죄를 범할 목적으로 사람을 모집, 운송, 전달한 경우에 한정한다] 및 제294조(추행, 간음 또는 성매매와 성적 착취를 목적으로 범한 제288조의 미수범 또는 추행, 간음 또는 성매매와 성적 착취를 목적으로 범한 제289조의 미수범, 추행, 간음 또는 성매매와 성적 착취를 목적으로 제288조 또는 추행, 간음 또는 성매매와 성적 착취를 목적으로 제289조의 죄를 범하여 발생한 제290조제1항의 미수범 또는 추행, 간음 또는 성매매와 성적 착취를 목적으로 제288조 또는 추행, 간음 또는 성매매와 성적 착취를 목적으로 제289조의 죄를 범하여 발생한 제291조제1항의 미수범 및 제292조제1항의 미수범 중 추행, 간음 또는 성매매와 성적 착취를 목적으로 약취, 유인, 매매된 사람을 수수, 은닉한 죄의 미수범으로 한정한다)의 죄

• 「형법」 제2편제32장 강간과 추행의 죄 중
- 제297조(강간), 제297조의2(유사강간)
- 제298조(강제추행)
- 제299조(준강간, 준강제추행)
- 제300조(미수범), 제301조(강간등 상해·치상)
- 제301조의2(강간등 살인·치사)
- 제302조(미성년자등에 대한 간음)
- 제303조(업무상위력등에 의한 간음)
- 제305조(미성년자에 대한 간음, 추행)의 죄

- 「형법」 제339조(강도강간)의 죄
- 이 법 제3조(특수강도강간 등)부터 제15조(미수범)까지의 죄

위의 법조문을 고려하여 「성폭력범죄의처벌등에관한특례법」에 명시된 성폭력 범죄를 분류하면 다음과 같다.

- 음화를 만들거나 배포하는 행위, 음란한 공연을 하는 행위
- 추행, 간음, 성매매, 성적 착취를 목적으로 한 행위와 미수행위, 그 행위와 관련하여 발생한 상해, 살해 행위. 추행, 간음, 성매매, 성적 착취를 목적으로 사람을 모집하거나 사람을 이동시킨 행위
- 강간 관련(강간, 준강간, 유사강간, 강간과 관련한 상해·치상·살인·치사), 추행 관련(강제추행, 준강제추행), 간음 관련(미성년자에 대한 간음·추행, 업무상 위력 등에 의한 간음)

2) 상담소, 학자들이 정의한 성폭력

한국성폭력상담소에서는 성폭력을 "강간, 윤간, 강도 강간뿐만 아니라 성추행, 언어적 희롱, 음란전화, 성기노출, 어린이 성추행, 아내 강간 등 상대방의 의사에 반하여 가하는 성적 행위"로 규정하였다(박옥임, 도미향, 류도희, 박애선, 백경숙, 성정현, 이규미, 이영석, 2004, p.12). 전남성폭력상담소는 상대방의 동의 없이 가해지는 성과 관련한 신체적, 언어적, 정신적 폭력을 성폭력이라고 규정하면서, 그 종류로 "강간, 강간미수, 성추행, 성희롱, 성기노출, 음란전화" 등을 소개하였다(박옥임 등, 2004, p.12).

이소희, 변화순, 박애선, 이행숙, 김희자, 도미향, 정혜선(2002)은 성폭력을 크게 성희롱, 성추행, 성폭행으로 분류하였다. 성희롱은 업무와 관련하여 관계하면서 성적 수치심을 주는 행위로 정의하였고, 성추행은 폭력이나 협박을 하며 성적으로 추행을 하는 행위로 정의하였다. 성폭행은 강간과 강간미수를 말하는데, 강간은 강제로 성교를 하는 것을 말하나 성기 삽입 외에 성기를 항문이나 구강에 삽입하는 것도 강간에 포함하였다. 김원홍, 이인숙, 권희안(2000)은 여성학적 관점에

서 성폭력을 정의하면서, 상대방의 동의 없이 강제적으로 성적인 행위를 하거나 강요하는 행위를 성폭력이라고 하였다. 특히 성을 매개로 상대 여성에게 신체적, 정신적 불쾌감이나 불안감, 공포를 주는 모든 행위를 성폭력으로 규정하였다.

3) 성폭력의 종류

법에서 언급한 성폭력의 정의와 성폭력 상담소, 학자들이 정의한 성폭력을 고려할 때 성폭력의 심한 정도에 따라 다음과 같이 분류할 수 있다.

⚥ 강간

성폭력의 정의가 매우 보수적으로 규정되었을 때에는 강간을 남성의 음경이 여성의 질에 강제로 삽입된 상태만으로 보았다. 현재 형법에서도 강간을 유사강간과 구분하여 정의하고 있으나 일반적으로 성기, 구강, 항문에 강제로 성기를 삽입하거나, 성기, 항문에 강제로 손가락이나 도구를 넣는 행위도 강간의 개념으로 포함하고 있다.

> 형법 제297조(강간)
> 폭행 또는 협박으로 사람을 강간한 자는 3년 이상의 유기징역에 처한다.
>
> 형법 제297조의2(유사강간)
> 폭행 또는 협박으로 사람에 대하여 구강, 항문 등 신체(성기는 제외한다)의 내부에 성기를 넣거나 성기, 항문에 손가락 등 신체(성기는 제외한다)의 일부 또는 도구를 넣는 행위를 한 사람은 2년 이상의 유기징역에 처한다. (출처: 형법 제11731호, 2013. 4. 5. 일부개정)

⚥ 강간미수

강간을 시도하려고 위력을 행하였으나 강간에 이르지 못한 상태를 말한다.

♀♂ 성추행

성추행은 심한 추행과 가벼운 추행으로 나눌 수 있는데, 강간을 시도할 정도는 아니나 상대방을 강제로 애무를 하였을 때는 심한 추행으로, 그보다는 가벼운 정도의 행위를 하였을 때는 가벼운 추행으로 분류할 수 있다.

♀♂ 기타

그 외의 성폭력으로, 이른바 '바바리 맨'으로 불리는 자의 행위인 성기노출과 음란전화, 음란메시지 발송 등을 들 수 있다.

4) 성폭력의 유형

성폭력을 행하는 대상에 따라 성폭력의 유형을 나눌 수 있다. 박옥임 등(2004)은 성폭력의 유형을 아동 성학대, 친족 성폭력, 데이트 성폭력, 직장 내 성희롱 등으로 분류하였다.

♀♂ 아동 성학대

아동 성학대는 13세 미만의 아동에 대한 성폭력을 말하고, 「성폭력범죄의 처벌 등에 관한 특례법」에서도 이들에 대한 성폭력에 대해서는 별도로 가중된 형량을 규정하고 있다. 그 이유는 13세 미만의 아동의 경우 성폭력 피해를 당하였어도 자신이 경험한 것이 성폭력 피해인지 인식을 못하는 경우가 많고, 특히 어렸을 때에 성폭력 피해를 당할 경우 인생에 오랜 기간 동안 더 많은 피해가 발생하기 때문이다.

> 제7조(13세 미만의 미성년자에 대한 강간, 강제추행 등)
> ① 13세 미만의 사람에 대하여 「형법」 제297조(강간)의 죄를 범한 사람은 무기징역 또는 10년 이상의 징역에 처한다.
> ② 13세 미만의 사람에 대하여 폭행이나 협박으로 다음 각 호의 어느 하나에 해당하는 행위를 한 사람은 7년 이상의 유기징역에 처한다.

1. 구강·항문 등 신체(성기는 제외한다)의 내부에 성기를 넣는 행위
2. 성기·항문에 손가락 등 신체(성기는 제외한다)의 일부나 도구를 넣는 행위

③ 13세 미만의 사람에 대하여 「형법」 제298조(강제추행)의 죄를 범한 사람은 5년 이상의 유기징역 또는 3천만원 이상 5천만원 이하의 벌금에 처한다.

④ 13세 미만의 사람에 대하여 「형법」 제299조(준강간, 준강제추행)의 죄를 범한 사람은 제1항부터 제3항까지의 예에 따라 처벌한다.

⑤ 위계 또는 위력으로써 13세 미만의 사람을 간음하거나 추행한 사람은 제1항부터 제3항까지의 예에 따라 처벌한다. (출처: 성폭력범죄의 처벌 등에 관한 특례법 제11731호, 2013. 4. 5 타법개정)

⚥ 친족 성폭력

친족 성폭력은 친족에 의한 성폭력인데, 이는 친족 관계인 자로부터 성폭력 피해를 당한 경우를 말한다. 친족이라 하면 배우자, 혈족 및 인척을 말하는데(민법 제767조), 혈족 등과 같이 가족으로부터 성폭력 피해를 당함으로써 장기간 성폭력 피해에 노출되는 것이 특징이다.

⚥ 데이트 성폭력

데이트 성폭력은 14세 이상인 자가 이성교제 중에 성폭력 피해를 경험하는 것으로, 믿고 신뢰하며 교제하던 자로부터의 성폭력 피해이기 때문에 피해자에게 성폭력 피해에 대한 트라우마(trauma)를 느끼게 할 뿐만 아니라, 타인에게 이용 당했다고 하는 심한 자괴감을 경험하게 한다.

⚥ 직장 내 성희롱

국가인권위원회법 제2조의 라에 의하면, 성희롱이라 하면 '업무, 고용, 그 밖의 관계에서 공공기관의 종사자, 사용자 또는 근로자가 그 직위를 이용하여 또는 업무 등과 관련하여 성적 언동 등으로 성적 굴욕감 또는 혐오감을 느끼게 하거나 성적 언동 또는 그 밖의 요구 등에 따르지 아니한다는 이유로 고용상의 불이익을 주는 것'으로 정의하였다. 이처럼 성희롱은 업무와 관련하여 관계하다가 성적인 불쾌감을 제공하는 것이므로 보통 '직장 내 성희롱'이라는 용어로 사용하고 있다.

3. 한국에서의 성폭력의 원인

김종현(2011)은 한국에서 성폭력이 발생하는 원인으로 불평등한 성차별적인 사회구조와 성폭력에 대한 잘못된 통념, 왜곡된 성문화와 성폭력 관련 교육의 문제, 성폭력과 관련한 법적·제도적 시스템의 문제 등을 들었다.

이 중, 성폭력에 대한 잘못된 통념은 개인의 인지(cognition, automatic thinking)에 영향을 주어 감각기관으로 입력되는 정보를 왜곡해서 받아들이는 가능성을 높인다. 김상원(1999, pp.217–218)은 성폭력에 대한 잘못된 통념의 예로, "성폭력은 나에게는 일어나지 않는다, 강간만이 성폭력에 해당한다, 강간은 범죄가 아니라 약간 과격한 성교이다, 성폭력은 대부분 모르는 사람이 가한다, 남성의 성충동은 억제할 수 없다, 성폭력 가해자는 정신이상자이다, 여성의 심한 노출이 성폭력을 유발한다, 여성이 끝까지 저항하면 강간은 불가능하다, 성폭력은 여성에게만 있다, 부부간에는 강간이 성립되지 않는다, 여성이 'No'라고 말할 때 'Yes'라는 의미일 수 있다" 등을 소개하였다. 각각의 잘못된 통념을 자세히 설명하면 다음과 같다.

♀♂ 성폭력은 나에게는 일어나지 않는다.

성폭력은 누구에게나 일어날 수 있다. 특히 성폭력은 자신과 가족들에게 일어날 수 있는 가능성이 있다는 전제 하에 성폭력 피해를 당하게 되면 어떻게 대처할지 역할연습(role-playing)을 할 필요가 있다. 특히 부모와 일정시간 떨어져 학교를 다닐 수밖에 없는 학령기 자녀에게 역할연습은 매우 중요하다. 성폭력의 종류와 유형을 알려주고, 그러한 피해를 경험한다면 성폭력으로 인식해야 한다는 것을 알려주며, 어떠한 위협에도 부모에게 알리도록 교육한다. 하지만 부모는 자녀가 성폭력 피해, 특히 강간 피해를 경험했을 때, 자녀를 피해자라고 인식하지 못하고 안타까운 마음에 자녀의 실수 등을 지적하며 나무란다. 이것을 성폭력 2차 피해라고 한다. 따라서 자녀에게 성폭력 2차 피해가 발생하지 않도록 부모는 자녀에게 피해가 발생했을 때 어떻게 대처할지의 과정을 마음속으로 되짚어 보거나 말로 표현할 필요가 있으며, 특히 거울 앞에서 "네 잘못이 아니야."를 반복하면서 연습할 필요가 있다.

또한 격렬한 저항은 생명에 위협이 될 수 있으므로, 상황에 따른 대처 요령을 알려줄 필요가 있다. 예를 들면, 성추행의 경우 가해자의 나이와 직책에 상관없이 거부의사를 분명히 표현하고 자료 수집을 위해 휴대전화기를 꺼내 드는 것을 알려준다. 강간의 피해가 예상될 경우 납치의 위험에 처해 있다면 뿌리치는 요령을 알려주나, 일단 납치가 되어 이동하는 경우에는 격렬한 저항을 하면 생명의 위협이 있을 수 있으므로 침착하게 탈출을 엿보기를 권유한다. 특히 학령기 자녀에게 순결 교육은 개인의 종교적, 도덕적 가치관을 형성하는데 중요하나, 이를 너무 강조할 경우 강간 피해를 당했을 때 자기에 대한 수치심으로 자살을 시도할 가능성도 있으므로 강간 피해의 경우 순결을 잃은 것과는 아무 상관이 없다는 것을 반복적으로 강조할 필요가 있다.

♀♂ 강간만이 성폭력에 해당한다.

이러한 통념으로 인해 가해자들은 강간미수나 성추행, 성기노출 등에 대해서는 범죄라는 인식을 하는 데에 둔감하다. 성폭력의 정도에 따른 종류와 유형에 대해 가정과 학교 등에서 지속적인 교육을 통해 모든 성폭력이 범죄라고 인식하는 예민성을 키우게 할 필요가 있다. 특히 영화, 드라마 등에서 성폭력 가해를 마치 열정적인 사랑 행위처럼 그리지 않고, 성폭력 범죄를 행했을 때 처벌받는 양상으로 내용을 전개할 필요가 있다.

♀♂ 강간은 범죄가 아니라 약간 과격한 성교이다.

이러한 통념으로 데이트 성폭력에 대해 민감성이 떨어진다. 성교를 포함한 성행위는 당사자 간의 합의가 전제되고 성행위를 함에도 불구하고 서로의 신체적, 심리적, 정신적 건강에 피해를 주지 않는 것이 전제가 된다. 과격한 성교는 상대방에게 피해를 주지 않는 범위 내의 행위로, 강간은 합의에 의한 성교가 아니라 법으로 처벌받는 범죄 행동이라는 인식이 필요하다.

⚥ 성폭력은 대부분 모르는 사람이 가한다.

대검찰청(2010)의 자료에 의하면, 2009년 성폭력범죄의 발생장소로 주거지가 전체에 27.5%를 차지하였다. 성폭력 피해는 많은 경우 피해자의 주거지 근처에 거주하면서 피해자를 알고 있는 가해자에 의해 발생한다.

⚥ 남성의 성충동은 억제할 수 없다.

이러한 통념은 남성중심적인 사상에 근거한 통념이다. 마치 남성은 생물학적으로 성충동을 억제할 수 없기 때문에 성폭력 가해를 행할 수 있다는, 그러므로 남성의 성폭력은 용인될 수 있다는 잘못된 통념이다.

⚥ 여성의 심한 노출이 성폭력을 유발한다.

성폭력 피해자는 범죄 피해자이다. 범죄 피해는 범죄를 유발한 것이 아니라 가해자에 의해 어쩔 수 없이 피해를 당한 경우이다. 여성의 노출이 성폭력을 유발한다는 통념 역시 남성 중심적인 통념이며, 성폭력 가해자에게 면죄부를 주는 통념이다.

⚥ 여성이 끝까지 저항하면 강간은 불가능하다.

이러한 통념은 여성에게 생명의 위협을 느끼면서까지 끝까지 저항하라는 의미를 전달한다. '끝까지'는 '생명이 다할 때까지'와 동일한 개념인데, 개인에게 그 어떤 것보다도 가장 중요한 것이 생명이다. 따라서 성폭력 피해, 특히 강간을 당하지 않기 위해 생명을 포기하라는 말과 같은 개념의 통념이다.

또한, 이 통념에는 강간 피해를 당한 여성의 경우 저항하지 않았기 때문에 강간을 당한 것이고, 이것은 여성도 쾌감을 느꼈다는 의미가 내재되어 있다. 성반응 단계에서 여성이 흥분 단계를 경험하지 않았기 때문에 바톨린 샘(Bartholin's gland)에서 애액이 나오지 않아 강간 피해 여성들은 질이 찢어지는 피해를 당하는 경우가 많다. 다만, 강한 트라우마(trauma)로 인해 신체의 평형 기능이 깨져 흥분과는 상관없이 애액이 나오는 경우가 있다.

♀♂ 성폭력은 여성에게만 있다.

대검찰청(2010)의 자료에 의하면, 2009년 성폭력으로 인한 여성의 상해 피해 비율이 82%로 압도적이나, 남성 상해 피해 비율도 16%나 되고, 특히 남성 사망 피해 비율도 1%나 된다.

♀♂ 여성이 'No'라고 말할 때 'Yes'라는 의미일 수 있다.

여성이 거부할 때에는 그 말 자체를 받아들일 필요가 있다. 이는 자신의 싫은 의향이나 거부감을 직접적으로 표현하지 않는 것이 미덕이라고 하는 문화적 요인과 거부하지 않는 것이 착한 행동이라고 하는 부모의 양육태도로 인해 생긴 잘못된 통념이다. 이러한 통념은 평소에 싫음에도 불구하고 거부하지 않고 수용하는 것이 '착한' 행동이라고 인식하는 양상과 관련이 있다. 자신의 의향이나 말이 불일치하고, 언어와 비언어가 불일치한 것은 경험적 가족치료에서 이야기하는 대표적인 역기능적 의사소통이다.

4. 한국사회에서의 성폭력 문제에 대한 개선점

한국사회에서 성폭력 문제를 다룰 때 변화되어야 할 부분을 심리적 측면, 사회적 측면, 제도적인 측면으로 설명해 보고자 한다.

1) 심리적 측면

♀♂ 순결에 대한 인식의 변화

결혼 전, 성교를 하지 않으려고 하는 인식은 개인의 가치 기준에 따라 바람직한 측면도 있겠으나, 순결 인식이 너무 강조된 나머지, 성폭력 피해를 당했을 때 '순결을 잃었다.'라고 인식을 하는 양상이 문제가 된다. 순결을 잃었다는 죄책감과 자기에 대한 수치심으로 오히려 자신의 인생을 포기하려고 하는 양상이 발생한다. 따라서 성폭력 피해를 당한 것과 순결을 잃은 것과는 상관이 없다고 하는 인식과 부모의 양육 태도의 변화가 필요하다.

♀♂ '성폭력 피해는 시간이 가면 잊힌다.'라고 하는 인식의 변화

성폭력 피해는 정도나 유형과는 상관없이 개인의 심리적, 신체적, 사회적, 영적인 부분이 파괴되는 경험이다. 시간이 가면 잊힌다는 인식으로 상담 또는 심리치료를 하지 않은 채 피해 상황을 '부인(denial)', '회피'로 일관하며 잊히기를 기대하는 양상에 변화가 필요하다.

♀♂ 성폭력 피해 발생 시 성폭력 피해자의 잘못이라고 보는 인식의 변화

자녀가 성폭력 피해를 경험했을 때 피해자를 위로하고 트라우마(trauma)로부터 치유함을 받게 하기보다는, 피해 사실을 알았을 때 부모의 말을 듣지 않아서 그렇게 됐다고 하면서 화를 내는 방식으로 속상함을 표현하는 양상이 있다. 특히 성폭력 피해를 경험한 가족구성원이 있는 가족일 경우, 피해 사실에 대해서 언급을 해서는 안 된다는 가족규칙이 형성되어 문제에 직면하여 치료를 하려고 하는 시도를 하지 못하는 양상이 있는데, 이에 대한 변화가 필요하다. 또한, '우리 가족에게는 일어나지 않을 거야.'라는 통념으로 문제를 회피하려고 하는 심리에 변화를 모색하고, 언제나 나에게도 일어날 수 있다는 것을 인식하고 역할연기 등으로 준비를 할 필요가 있다.

2) 사회적 측면

♀♂ 성폭력 피해를 하나의 가십 거리로 생각하는 언론관의 변화

성폭력 피해 후의 조치는 개인에게 있어서 이후 인생을 어떻게 살 수 있을지 방향성이 결정될 수 있을 만큼 중요한 의미를 갖는다. 따라서 개인에 따라 피해자가 원하지 않을 경우 피해 사실이 공론화되지 않은 채 의학적 치료와 심리적 치료가 집중되어야 하지만, 개인의 의사와는 무관하게 언론에서 이를 집중적으로 조명함으로써 개인의 사생활이 침해되는 경우가 많다. 이러한 침해로 인해 신체적, 심리적 치료 시기를 놓치는 경우가 많다. 피해자가 성폭력 피해 사실이 치료자 외에 누구에게도 공개되지 않기를 원함에도 불구하고, 언론의 취재, 국가·지방자치단체의 지원 등이 적극적, 개방적으로 이루어지는 과정에서 피해자의 거주지나 인적사항이 노출되는 경우가 많다. 이에 대한 변화가 필요하다.

♀♂ 가족 내 성폭력 피해는 없을 것이라고 하는 사회적 인식의 변화

유치원 또는 학교 교사가 아동 성학대의 징후를 발견하였을 때, 가족 내에서 이루어진 성학대이고 특히 양육자에 의한 성학대라면 별다른 조치를 취할 수 없는 상황이 많다. 양육자에 의한 성학대일 때, 아동의 보호를 위해서 조치를 취해야 하는 것이 맞지만, 이 때 아동 보호시스템이 갖추어져 있지 못해 양육의 공동화(空洞化)가 발생할 것을 우려하여 신고를 못 하는 경우가 많다. 하지만 그 기저에는 '설마 아버지가…?'라고 하며 가족의 성학대를 심각하게 보지 않는 사회적인 분위기가 있다. 특히 권위 있는 자의 성폭력을 문제시 했을 때 피해자도 피해를 보는 사회 분위기에 변화가 시급하다. 조직 내의 권위 있는 자로부터 성폭력 피해를 당하여 문제를 제기하면, 가해자가 인사 조치되는 경우와 더불어, 피해자도 해당 조직에서 기피대상이 되고 조직에서 적응하기 어렵게 되는 조직 문화가 성폭력 피해를 숨기게만 하는 데에 영향을 준다.

3) 제도적인 측면

♀♂ 피해자 지원 단체와 시스템의 확충

성폭력 피해자를 지원하는 단체와 제도가 부족하다. 현재 국내에는 범죄 피해자 지원단체가 있으나 이는 법무부의 인가를 받은 민간단체이다. 국가 주도의 성폭력을 포함한 범죄 피해자 지원 시스템을 구축할 필요가 있다.

♀♂ 가해자·피해자의 격리 조치 제도 마련

과거에는 성폭력 사건을 친고죄로 규정하여 피해자의 고소가 있어야만 검사가 범죄에 대해 공소를 제기할 수 있었다. 하지만 이러한 성폭력에 대한 규정을 「형법」과 「성폭력범죄의 처벌 등에 관한 특례법」에서 삭제하여 2013. 6. 19.부터 시행 예정이다. 이는 매우 진일보한 바람직한 방향이나, 성폭력 가해자는 재판 시 피해자와의 합의가 있을 경우 형량에 영향이 있을 것으로 가정하여 피해자의 직장이나 집, 학교에 방문하는 경우가 있다. 따라서 가해자가 피해자의 생활환경에 접근하지 못하도록 하는 제도가 마련될 필요가 있다. 특히 성폭력 피해자가 법적인 절차를 경험할 때, 경찰서–검찰청–법원을 거치는 동안 피해자를 보호하고 진술 반복을 최소화할 수 있는 보호 시스템의 마련이 필요하다.

♀♂ 성교육의 개선

생물학적 성교육에 인간중심 교육, 공감 교육, 양성평등 교육, 성폭력 대처 교육 등을 추가할 필요가 있다. 성교육을 별도의 시간으로 할애하여 일회성으로 실시하는 것이 아니라, 각 교과에 성교육에 필요한 내용들을 분산하여 지속적이고 일관적인 방향성으로 교육할 필요가 있다.

♀♂ 성폭력 행위에 대한 예민성 추구

드라마, 영화, 예능 프로그램 등에서 성폭력에 해당되는 내용이 방영됨에 따라, 성폭력 행위에 대해 시청자들이 둔감해질 수 있다. 방송 정책상 성폭력 행위에 대해 엄격한 기준을 마련하여 유사행위가 방영되지 않게 할 필요가 있으면서, 동시에 그러한 행위가 방영되었을 때 성폭력 행위에 해당한다는 코멘트가 언급되거나 극 중에서 가해자의 행위가 그냥 지나치지 않는 것으로 내용이 구성될 필요가 있다.

생각해 보기

1. 자신에게는 성폭력에 대한 잘못된 통념 중 어떤 통념이 있는가?
2. 성폭력에 대한 종류와 유형에 대해 얼마나 자세히 알고 있는가?
3. 나와 나의 가족에게 성폭력 피해가 발생한다면 어떻게 조치할 수 있는가?

참고문헌

김상원(1999) **성교육, 성상담의 이론과 실제**. 서울: 교육출판사.

김원홍, 이인숙, 권희안(2000). **오늘의 여성학**. 서울: 건국대학교 출판부.

김종현(2011). **성폭력범죄 피해자의 보호와 지원방향에 대한 연구**. 한양대학교 미간행 석사학위논문.

대검찰청(2010). 범죄분석.

박옥임, 도미향, 류도희, 박애선, 백경숙, 성정현, 이규미, 이영석(2004). **성폭력 전문상담**. 서울: 시그마프레스.

이소희, 변화순, 박애선, 이행숙, 김희자, 도미향, 정혜선(2002). **여성복지**. 서울: 형설출판사.

대법원 통합법률정보 http://glaw.scourt.go.kr/jbsonw/jbson.do

CHAPTER 14

성폭력 피해자 상담

핵심단어 성폭력 피해의 영향, 외상 후 스트레스 장애(PTSD), psychological counselor, social worker, consultant

개 요 성폭력 피해의 정도가 심할수록 피해자는 외상 후 스트레스 장애를 경험한다. 따라서 성폭력 피해 상담은 위기상담의 성격으로 외상 후 스트레스 장애를 회복시키는 상담으로 진행되어야 한다. 특히 성폭력 피해자를 상담할 때, 상담자에게는 심리상담 전문가(psychological counselor), 사회복지적 상담자(social worker), 법적 절차에 관한 정보제공자(consultant)로서의 역할이 필요하다. 이러한 역할을 할 수 있는 다수의 전문가가 협력하면 이상적이지만, 그렇지 못할 경우에는 상담자가 위에 제시한 세 가지 영역에서의 전문성을 가질 수 있도록 역량을 키울 필요가 있다.

1. 사례 소개 및 분석

1) 사례 소개

CASE…

사례 1

딸: 엄마, 나 며칠 전에 새벽에 들어오다가 집 앞에서 어떤 남자를 만났는데, 내 옷을 강제로 찢고 가슴을 만졌어. 내가 소리 지르고 반항하니까 도망갔어.

엄마: 야! 그래서 내가 뭐라고 그랬어. 밤늦게 다니지 말라고 그랬잖아! 왜 그 오밤중에 다니는 거야?

사례 2

딸: 엄마, 나 오늘 학교에서 강간을 당했어.

엄마: (딸을 꼭 안아 주며) 네 잘못이 아니야. 얼마나 무서웠니.

2) 사례 1 분석

성폭력 피해자들이 피해 사실을 가족에게 알렸을 경우, 대부분 가족들로부터 2차적인 피해를 입게 된다. 가족들, 특히 부모들은 대개 다음과 같은 반응을 보인다.

♀♂ 분노감정 표현

평소 부모의 말대로 행하지 않았기 때문에 피해를 당했다면서 오히려 피해자를 나무란다. 이로 인해 피해자는 자기에 대한 수치심과 자기 때문에 이런 일이 일어났다고 하며 오히려 자책을 하고, 이러한 양상은 피해자가 나이가 어릴수록 더 분명하게 나타난다.

♀♂ 심한 슬픔 표현

도저히 예상할 수 없는 일이 발생하여 부모는 격한 슬픔을 표현한다. 이로 인해 피해자는 부모의 감정에 압도되어, 자신이 경험한 피해가 매우 심각한 일임을 자각하고 과잉 평가하게 된다.

♀♂ 부인과 왜곡

도저히 감당할 수 없는 힘든 일이기 때문에 아무 일도 없었던 것처럼 행동한다. 하지만 평소와는 다르게 당시 기억이 통제할 수 없는 상태로 반복된다.

3) 사례 2 분석

성폭력 피해자에게 가장 필요한 말은 "네 잘못이 아니야."이다. 이 말에는 성폭력 피해 상담의 다음과 같은 원리가 포함되어 있다.

- 전적으로 피해자 중심의, 피해자를 위한 상담이다.
- 당시 피해자가 느꼈을 수치심, 공포심, 무기력감을 다루고 경감시킨다.
- 피해자에게 잘못이 없음을 인식시키고 죄책감을 경감시킨다.
- 어쩔 수 없는 사고였음을 인식시킨다. 성폭력 피해의 위험은 누구에게나 노출될 수 있고, 사고(accident)는 일어나는 것(happen)이지 나의 의지로 조절할 수 없다는 것을 인식시킨다.

2. 성폭력 피해의 영향

김상원(1999)은 성폭력 피해를 신체적, 정서적, 인지적, 경제적, 법적·사회적인 영향으로 구분하였다.

성폭력으로 인해 피해자는 먼저 신체적 피해를 경험한다. 가해자의 위력으로 신체가 상해를 입을 수 있고, 성병에 노출된다. 특히 강간으로 인해 질 벽이 상해를 입고 그 때의 심리적 외상(trauma)으로 인해 성욕 장애, 절정감 장애 등의 성기능 부전을 경험하기도 한다. 즉 외상 후 스트레스 장애(PTSD)를 경험한다. 또한 원치 않은 임신으로 인한 신체적인 피해에 노출될 위험이 있다.

성폭력 피해자는 신체적 피해와 동시에 정서적인 피해를 경험한다. 강압적인 위력에 의하거나 원치 않은 상황에서의 성적 경험으로 인해 피해자는 심리적 외상을 경험하여 불안과 초조, 불면증 등을 경험할 수 있다. 특히 성폭력 피해 경험은 피해자의 자기 주도성과 자기 유능감에 심각한 피해를 주어, 피해자는 자기에 대한 심한 수치심을 느끼고 피해 상황 때의 무기력감이 반복되기도 한다. 이러한 자기에 대한 수치심, 무기력감은 분노감정으로 야기되어 자기 자신에 대한 분노감으로 자살을 시도하거나 타인에 대한 분노감의 표현으로 공격적인 정서를 보이기도 한다.

성폭력 피해자는 정서적인 피해와 더불어 인지적인 피해를 경험하기도 하는데, 성폭력 피해 당시의 상황을 부인, 억압하는 양상에서 전혀 피해를 경험하지 않은 상황으로 인식을 하려고 하는 해리증상이 일어나기도 한다.

이와 같은 신체적, 정서적, 인지적 피해로 인해 피해자들은 경제활동이나 대인관계를 적절히 하지 못하여 경제적 피해를 경험하고, 치료를 위한 노력으로 과도한 병원비를 지출하게 됨에 따라 경제적인 어려움을 경험하기도 한다. 또한 정서적 피해의 영향으로 대인관계를 회피하거나 공격적인 양상으로 대인관계를 하여 법적, 사회적인 피해를 보기도 한다. 아동 및 청소년의 경우 성폭력 피해로 등교를 하지 않으려고 하면서 학교를 이탈하여 비행에 노출되면서 다른 영역에서 가해자로 법적인 문제를 야기하기도 한다.

3. 성폭력 피해자 상담

성폭력 피해자 상담에 있어서 주요 활동은 심리상담을 통해 정서적 안정과 인지기능의 정상화를 도모하고, 지원 체계(network)의 연결을 통해 피해자에게 법적, 사회적, 경제적으로 도움을 제공하는 것이다. 특히 성폭력 피해자를 상담하는 상담자는 상담 이후에 전개될 수 있는 법적 절차 등을 고려하여 피해자 진술이 반복되지 않게 사실을 기록하는 조사자(interviewer)의 역할과 법적 대리인을 보조하는 보조자의 역할을 할 수 있다. 즉, 성폭력 피해자 상담은 심리상담의 영역, 사회복지적인 영역, 법적 영역으로 나눌 수 있는데, 규모가 크고 체계가 잡혀 있는 상담소의 경우 이 세 영역의 전문가가 각각 역할을 나누어 서로 협조하는 체계로 활용할 수 있겠지만, 그렇지 못한 경우에는 성폭력 피해 상담자가 이 세 영역의 활동을 모두 감당할 수 있는 능력을 갖추어야 한다. 따라서 성폭력 피해 상담자는 기본적으로 심리상담 전문가로서 활동해야 하지만, 피해자인 내담자에게 사회복지적 상담자로서 지원체계를 소개하고 연계하는 역할을 해야 하며, 동시에 법적 절차를 숙지하고 있어 이후 피해자의 형사적, 민사적 법적 절차에 도움을 줄 수 있는 역할을 할 필요가 있다.

1) 심리상담 전문가(psychological counselor)로서의 역할

성폭력 피해를 경험한다고 하여 모두 외상 후 스트레스 장애(PTSD)를 경험하는 것은 아니지만, 강간의 경우 외상 후 스트레스 장애를 많이 경험한다. 물론 외상 후 스트레스 장애 진단을 위해 CAPS(Clinician - Admsitneired PTSD Scale)와 같은 도구를 통해 인터뷰를 하고 정신건강의학과 의사의 진단이 필요하다. 하지만 강간과 같은 피해 직후 어떠한 심리상담을 받았는지가 피해자의 안정과 심리적 회복에 중요한 역할을 담당한다. 강간 피해자의 경우 초기에 위기 상담의 개념으로 심리상담을 진행하고, 이와 병행하면서 외상 후 스트레스 장애 진단을 통해 의학적 치료를 병행할 필요가 있다.

성폭력 피해 상담 중 강간 피해자 상담은 위기 상담으로서, 외상 후 스트레스 장애 치료에 목적을 둔다. 외상 후 스트레스 장애의 특징은 불안과 피해 상황의 반복적인 기억이다. 이러한 반복적인 기억은 피해자의 의지와는 상관없이 지속되고 그 빈도도 높아 이러한 기억을 '침투하는 기억'이라고 표현하기도 한다. 이러한 침투하는 기억은 성폭력 피해자가 강간이라고 하는 범죄, 즉 수치심과 공포심을 매우 극명하게 느끼는 상황에 노출되어 일반적인 기억을 담당하고 조절하는 뇌의 해마의 기능이 평형감각을 상실했기 때문이다. 즉, 기억을 저장했다가 다시 떠올리고 조절하는 해마의 기능이 상실되고 이러한 기억이 공포감을 담당하고 반응하게 하는 뇌의 편도체에 저장되어 편도체의 기능이 활성화되었기 때문에 침투하는 기억이 반복된다. 결국 성폭력, 특히 강간 피해자 상담은 위기 상담의 개념으로 외상 후 스트레스 장애의 치료와 억제에 초점을 맞추어야 하는데, 이를 위해서는 해마의 활성화와 편도체의 안정이 필수적다. 이를 위해 편도체 기억에 자주 노출되면서도 이를 버틸 수 있는 심리적 힘을 기르고, 안정적인 느낌의 지속으로 인해 몸의 평형상태를 회복하여 해마의 기능이 회복할 수 있도록 해야 한다. 또한 과도한 공포와 흥분이 활성화되지 않도록 피해자의 피해 상황에 상담자가 감정적으로 과민하게 반응하지 않는 안정감이 필요하다. 상담자의 안정적인 반응으로 인해 내담자는 현재 공포감과 불안에 압도되지 않을 수 있고, 조절할 수 있을 것이라는 자신감을 가질 수 있다. 그러나 과민한 상담자의 반응으로 인해 스스로 조절할 수 있을 것이라는 자신감을 갖고 있던 내담자는 상담자의 반응을 보고 자신이 매우 심각하고 무서운 경험을 했다는 것을 과잉 인식함에 따라 공포감과 불안에 지배 받을 수 있다.

강간 피해자가 해마의 기능 회복, 편도체의 안정과 같은 뇌의 평형기능을 회복하는 데에 도움이 되는 상담기법은 인간중심상담 기법과 게슈탈트(Gestalt) 상담기법이다. 편도체의 안정을 위해서 공포스런 기억의 잦은 노출과 버팀이 필요한데, 인간중심상담에서의 무조건적인 수용과 공감적 이해는 내담자가 자신의 피해 상황을 상담자에게 꺼내 놓아도 될 것 같은 안정감을 심어 준다. 특히 게슈탈트 상담에서의 빈 의자 기법은 내담자가 성폭력 피해를 당했던 그 때로 돌아가 하지 못했던 말들과 표현하지 못했던 감정을 표현함으로써 편도체 안정에 도움을 준다.

성폭력 피해, 특히 강간 피해자를 심리상담하는 데 있어 주요 상담목표와 해당 목표를 달성하기 위한 상담기법에 대해 설명하면 다음과 같다.

♀♂ 가해자에 대한 분노감정 표출

가해자를 죽이고 싶을 정도로 미워하는 감정은 당연히 경험될 수 있는 감정이라는 것을 내담자가 수용하고, 가해자에 대한 분노감정을 언어화하여 표현한다. 이 때 내담자는 타인을 미워하고 저주하는 마음에 죄책감을 느낄 수 있다. 하지만 내담자가 가해자에 대한 분노감정을 표출하지 못하면, 피해를 당한 내담자 자신에게 분노감정이 표출될 수 있어 자책, 자해를 할 수 있다. 이 때, 상담자는 내담자의 가해자에 대한 분노감정이 당연한 감정임을 공감하며 타당화하는 작업을 해야 한다. 이를 통해 내담자는 자신이 자연스럽게 느끼는 감정을 수용 받는 경험을 하게 되고, 가해자에 대한 분노감정을 억압하지 않고 표현할 수 있게 된다.

내담자가 가해자에 대한 분노감정을 표현할 수 있는 심리적인 힘이 있을 때, 상담자는 내담자가 자신의 감정에 집중할 수 있도록 피해 당시의 상황을 구체적으로 질문하며, 그 때 경험되었던 내담자의 감정을 질문한다. 중요한 것은 경험한 사실을 나열하게 하면 내담자에게 고통을 주지만, 경험한 사실과 함께 그 때의 감정을 이야기하게 하면 내담자는 감정해소의 경험을 하게 된다는 것이다. 내담자가 당시 상황을 이야기하기 힘들어한다면, 상담자는 기다리는 인내가 필요하다. 특히 내담자는 피해 상황을 이야기하면서 감정을 표현하지 못할 정도로 무서워하거나 혼란스러워 하는데, 이 때 상담자가 적극적인 반영을 통해 내담자가 혼란스러운 상태에서 자신의 감정을 인식할 수 있도록 돕는다.

상담자는 내담자의 공포, 불안, 자기에 대한 수치심, 가해자에 대한 죽이고 싶을 정도의 적개심과 분노, 자신의 잘못인 것 같은 후회 등을 적극적으로 경청하면서 내담자의 감정을 반영한다. 반영은 공감의 핵심적인 기법인데, 상담자의 반영을 통해 내담자는 공감 받고 있음을 체험하고, 이를 통해 대상관계 이론에서의 '공생'을 체험하면서 수용 받는 느낌을 갖게 된다. 피해 당시, 그리고 상담자를 만나는 지금-여기(here & now)에서의 감정이 말로 표현되고 분출되어야 흥분된 편도체가 안정될 수 있다. 더불어 이러한 안정감은 해마의 기능회복에도 도움을 준다.

♀♂ 피해 당시의 공포감과 수치심의 표현

피해 당시 경험했던 공포감, 자기에 대한 수치심을 표현함으로써 공포감을 경감시키고, 상담자로부터 수용 받는 경험을 통해 낮은 자존감과 자신에 대한 무가치감을 변화시킨다. 피해자의 부정적 감정이 그럴 만하다고 타당화됨에 따라 수용 받는 경험이 체험되어야 한다. 또한, 불안 반응에 대해 상담자로부터 평가받지 않고 수용 받는 경험을 하게 하여, 자신의 존재가 존중받고 있다는 것을 느끼게 해야 한다. 강간 피해자는 뇌의 평형상태가 깨졌기 때문에 합리적-정서적 행동치료(REBT), 인지행동치료(CBT)를 통한 비합리적 신념에 대한 논박을 하기 어려워한다. 특히 인지 재구조화를 위해 소크라테스식 대화 등을 할 수 있을 정도로 인지기능이 활성화되어 있지 못하다. 따라서 1차적인 정서반응에 집중하여, 부정적인 내담자의 정서를 수용하고 비판하지 않는 상담자의 태도가 중요하다. 특히 편도체의 활성화에 따른 불안정한 심리로 인해 상담자에게 공격적인 모습을 보이거나 매우 예민한 태도를 보일 수 있는데, 상담자가 이를 비판하지 않고 수용하고 버텨 주는(holding) 태도가 필요하다. 이러한 대상관계 이론의 기법들을 통해 내담자는 자기 존재의 수용을 경험할 것이고, 함부로 다루어질 수 없는 존재임을 느낄 수 있게 된다. 이를 통해 자신을 무가치하게 느끼며 책망하는 양상에서 회복될 수 있다.

⚢ 자기 파괴적인 인지(내적 이야기) 수정

공포심, 불안, 분노감정, 수치심 등과 같은 감정이 표현되어 편도체의 안정화와 해마의 기능이 회복되면, 내담자는 인지적인 기능을 발휘할 수 있는 힘이 생긴다. 이 때, 자신의 잘못이나 실수로 범죄 피해에 노출된 것으로 자책을 하는, 자기 파괴적인 인지(cognition; automatic thinking; self talk)를 수정할 수 있도록 돕는다. 이 때 활용할 수 있는 상담기법은 합리적-정서적 행동치료(REBT), 인지행동치료(CBT), 이야기치료 등이 있다.

2) 사회복지적 상담자(case worker)로서의 역할

성폭력 피해 상담자는 심리상담 전문가로서의 역할뿐만 아니라 사회복지적 상담자로서의 역할도 할 수 있다. 즉 성폭력 피해자인 내담자를 위해 의료적, 법적, 경제적, 상담적 지원 제도와 기관을 소개하고 도움을 받도록 정보를 제공하며 해당 기관의 지원시스템을 연결하는 역할을 할 수 있다.

먼저 성폭력 피해자가 어떤 지원을 받을 수 있는지에 대한 개념과 지원을 제공하는 기관이 어디인지 숙지할 필요가 있다. 먼저, 상담자는 성폭력 피해가 발생했을 때 연락할 수 있는 여성 긴급전화인 1366번에 대한 정보와 원스톱 지원센터와 해바라기여성아동센터의 통합번호인 1899-3075에 대한 정보를 알고 있어야 한다. 이를 내담자에게 알려주어 지원 받을 수 있는 체계와 내담자가 연계될 수 있도록 해야 한다. 특히 지방자치단체, 성폭력 피해 전담의료기관, 성폭력 상담소, 원스톱 지원센터 등을 통해 의료지원과 치료비 전액에 대한 지원을 받을 수 있다는 것을 알고 내담자에게 정보를 제공해야 한다.

3) 법적 절차에 대한 정보 제공자(consultant)로서의 역할

♀♂ 형사적 절차, 민사적 절차에 대한 정보 제공

성폭력 피해자가 항상 형사적, 민사적 법적 절차를 진행하지는 않지만, 그럼에도 불구하고 상담자는 이후에 법적 절차가 진행될 것을 예상하고 준비를 할 필요가 있다. 이런 상황에서 상담자는 성폭력 관련 사건이 어떤 절차로 진행되고, 관련법이 무엇이며, 관련법에서 피해자를 보호하는 절차가 무엇인지 알고 있으며 피해자에게 정보를 제공할 필요가 있다.

성폭력 피해와 관련하여 피해자와 피해자 가족들이 할 수 있는 법적 절차는 형사적인 절차와 민사적인 절차가 있다. 형사적인 절차는 가해자의 행위가 범죄에 해당한다는 것을 법적으로 판단하여 죄값인 형벌을 받게 하는 절차이다. 형사적인 절차의 개시는 피해자 당사자나 법적 대리인이 경찰서나 검찰청에 고소장을 접수하거나 피해자 가족이 고발장을 접수하는 것에서 시작한다. 그에 반해 민사적인 절차는 가해자로부터 피해 받은 사실이 명확하므로 법적으로 가해자에게 정신적 피해보상금을 받도록 결정해 달라고 하는 절차이다. 민사적인 절차의 개시는 피해 당사자나 법적 대리인이 지방법원에 정신적 피해보상금인 위자료를 청구하는 소장을 접수하면서 시작된다. 민사적 절차는 가해 사실과 피해 사실이 확실히 있어야 하고 증거가 있어야 하며, 법적으로도 인정이 되어야 하는 상황이므로 많은 경우 형사적 절차와 함께 진행한다. 즉 형사적 절차를 통해 가해자의 범죄 사실이 인정되면, 민사적 절차에서 형사재판 결과를 인용하여 위자료를 결정한다.

이처럼 형사적, 민사적 절차가 명확히 구분되어 있음에 불구하고 이에 대한 지식이 없는 경우, 지방법원에 위자료 청구 소장을 접수한 것으로 가해자가 법적으로 처벌을 받을 것으로 기대하거나 형사법원의 형사처벌이 결정됨과 동시에 피해자 자신에게 위자료가 지급될 것으로 기대한다. 또한 이러한 기대가 크면 클수록 자신의 기대와 다르게 법원에서 결정을 내린다면, 가해자에 대한 불만이 법원으로 투사되기도 한다.

특히 형사적 절차에 대한 피해자의 이해가 중요하고, 형사적 절차에서 상담자의 역할이 중요하다. 형사적 절차는 가해자의 행위가 범죄임을 밝히고 형사적 처벌이나 보호적 처분을 받게 하는 절차이다. 가해자가 성인일 경우, 일반적으로 경찰서·검찰청·형사법원을 거치면서 징역형, 집행유예형, 벌금형과 같은 형사처벌을 받게 되고 개인의 범죄경력에 내용이 기재된다. 다만 범죄에 대한 소명이 명확하지 않거나 증거가 불충분할 경우 위의 단계를 모두 거치지 않고 검찰청에서 불기소 결정(범죄로 처벌하지 못한다는 결정)이 되어 그대로 사건이 종결될 수도 있다. 접수된 사건이 위의 세 기관을 거치면서 경찰서에서 피해자가 최초 진술한 내용으로 형사법원까지 참고가 되어 형이 결정되기도 하지만, 많은 경우 사건이 위의 세 기관을 거치는 동안 피해자가 직접 기관에 방문하여 진술을 한다. 즉 경찰서에서 경찰관, 검찰청에서 수사관이나 검사, 형사법원에서 조사관을 만나 당시 상황을 반복할 수도 있다.

가해자가 19세 미만일 경우, 가해자는 형사법원이 아닌 가정법원에서 소년보호 절차를 통해 보호처분을 받을 수도 있다. 특히 가해자가 14세 미만일 경우에는 경찰서에서 검찰청을 거치지 않고 바로 가정법원 소년부에서 사건을 담당한다. 이렇게 소년법에 근거하여 소년보호사건으로 사건이 처리되면 가해자는 다음과 같은 보호처분을 받게 되는데, 이러한 보호처분의 결정 결과는 가해자의 범죄경력에는 기록되지 않는다.

1. 보호자 또는 보호자를 대신하여 소년을 보호할 수 있는 자에게 감호 위탁
2. 수강명령
3. 사회봉사명령
4. 보호관찰관의 단기 보호관찰
5. 보호관찰관의 장기 보호관찰
6. 「아동복지법」에 따른 아동복지시설이나 그 밖의 소년보호시설에 감호 위탁
7. 병원, 요양소 또는 「보호소년 등의 처우에 관한 법률」에 따른 소년의료보호시설에 위탁
8. 1개월 이내의 소년원 송치
9. 단기 소년원 송치
10. 장기 소년원 송치(출처: 소년법 제11005호 2011. 8. 4 타법개정)

♀♂ 「형사소송법」에서의 피해자의 권리

상담자는 상담 진행 중에 자신은 심리상담만 담당하는 상황이라면, 법적인 절차에서 피해자를 도와 줄 다른 전문가를 연계(refer)해 주어야 한다. 피해자가 형사적인 절차를 제기할 때 형사소송법에 근거해서 피해자를 보호하는 조치와 절차가 있는데, 피해자가 이러한 정보를 알 수 있도록 도움을 줄 필요가 있다.

현행 형사적 절차상에는 피해자를 보호하는 권리로 미흡한 부분이 많지만 고소권, 검찰항고·재정신청권·헌법소원권, 재판진술권 등이 있다(함덕경, 2010).

성폭력 범죄로 인한 피해자는 경찰이나 검사에게 말이나 서면으로 고소하여 형사적 절차를 진행할 수 있다. 일반적으로 자신의 부모나 배우자의 부모에 대해서는 고소를 할 수 없으나, 성폭력 범죄에 있어서는 특별법에 의해 예외가 인정되어 고소가 가능하다(성폭력범죄의 처벌 등에 관한 특례법 제18조). 또한, 성폭력 피해자의 고소 등에 의해 형사적 사건이 진행되면서 검사가 범죄로 처벌하지 않겠다는 불기소 처분을 결정할 때에는 피해자에게 그 이유를 고지하도록 청구할 수 있고, 그 결정이 타당한지를 검토해 달라는 재정신청을 할 수도 있으며, 불기소 처분 결정에 대해 불복하는 항고를 할 수도 있고, 헌법 소원을 제기할 수도 있다. 그 밖에 성폭력 피해자는 형사법원에서 재판이 진행될 때 자신의 의견을 진술할 수 있는 진술권이 있고, 재판을 지연시킬 악의적인 의도만 없다면 법원에서는 이

를 보장한다.

♀♂ 「성폭력범죄의 처벌 등에 관한 특례법」(이하 '특례법')에서의 피해자 권리와 보호 절차

성폭력 피해자 상담을 할 때, 상담자는 특례법에서 규정한 피해자의 권리와 보호 절차를 숙지하고 법적 절차에서 피해자를 보호하도록 정보를 제공하는 역할을 할 수 있다.

그러한 역할을 하기 위해 상담자는 본 특례법이 성폭력 피해자의 생명과 신체의 안전을 보호하고 보장하기 위해 제정되었다는 것을 알 필요가 있다.

> 제1조(목적)
> 이 법은 성폭력범죄의 처벌 및 그 절차에 관한 특례를 규정함으로써 성폭력범죄 피해자의 생명과 신체의 안전을 보장하고 건강한 사회질서의 확립에 이바지함을 목적으로 한다.(출처: 성폭력범죄의 처벌 등에 관한 특례법 제11729호, 2013. 4. 5 일부개정)

이러한 목적 하에, 특례법에서 정한 피해자를 위한 보호절차는 다음과 같다. 특례법은 피해자 자신의 부모, 조부모와 배우자의 부모, 조부모에게 고소를 할 수 있는 권리를 보장하였다(제18조). 공소시효에 있어서도 특례를 정하여 피해자가 성년이 된 날부터 공소시효를 계산하거나 성폭력 범죄를 증명할 수 있는 과학적인 증거, 예를 들면 디엔에이(DNA) 등이 있을 때에는 일부 성폭력 범죄에서 공소시효가 10년 연장되도록 하였다(제21조).

> 제18조(고소 제한에 대한 예외)
> 성폭력범죄에 대하여는 「형사소송법」 제224조(고소의 제한) 및 「군사법원법」 제266조에도 불구하고 자기 또는 배우자의 직계존속을 고소할 수 있다. 〈개정 2013.4.5〉
>
> 제21조(공소시효에 관한 특례)
> ① 미성년자에 대한 성폭력범죄의 공소시효는 「형사소송법」 제252조제1항 및 「군사법원법」 제294조제1항에도 불구하고 해당 성폭력범죄로 피해를 당한 미성년자가 성년에 달한 날부터 진행한다. 〈개정 2013.4.5〉
> ② 제2조제3호 및 제4호의 죄와 제3조부터 제9조까지의 죄는 디엔에이(DNA)증거 등 그 죄를 증명할 수 있는 과학적인 증거가 있는 때에는 공소시효가 10년 연장된다.

③ 13세 미만의 사람 및 신체적인 또는 정신적인 장애가 있는 사람에 대하여 다음 각 호의 죄를 범한 경우에는 제1항과 제2항에도 불구하고 「형사소송법」 제249조부터 제253조까지 및 「군사법원법」 제291조부터 제295조까지에 규정된 공소시효를 적용하지 아니한다.
1. 「형법」 제297조(강간), 제298조(강제추행), 제299조(준강간, 준강제추행), 제301조(강간등 상해·치상) 또는 제301조의2(강간등 살인·치사)의 죄
2. 제6조제2항, 제7조제2항, 제8조, 제9조의 죄
3. 「아동·청소년의 성보호에 관한 법률」 제9조 또는 제10조의 죄

④ 다음 각 호의 죄를 범한 경우에는 제1항과 제2항에도 불구하고 「형사소송법」 제249조부터 제253조까지 및 「군사법원법」 제291조부터 제295조까지에 규정된 공소시효를 적용하지 아니한다. 〈개정 2013.4.5〉
1. 「형법」 제301조의2(강간등 살인·치사)의 죄(강간등 살인에 한정한다)
2. 제9조제1항의 죄
3. 「아동·청소년의 성보호에 관한 법률」 제10조제1항의 죄
4. 「군형법」 제92조의8의 죄(강간 등 살인에 한정한다)

(출처: 성폭력범죄의 처벌 등에 관한 특례법, 제11729호 2013. 4. 5 일부개정)

특히 특례법 제22조에서는 성폭력 범죄에 대한 절차에서 성폭력 범죄 증인에 대해 신변안전을 조치할 수 있게 하고 있고, 피해자 본인의 명시적 동의 없이 피해자 정보나 사진을 출판물이나 신문 게재, 방송을 하지 못하게 하고 있으며, 재판을 최대한 신속하게 진행하도록 규정하고 있다.

제22조(「특정강력범죄의 처벌에 관한 특례법」의 준용)
성폭력범죄에 대한 처벌절차에는 「특정강력범죄의 처벌에 관한 특례법」 제7조(증인에 대한 신변안전조치), 제8조(출판물 게재 등으로부터의 피해자 보호), 제9조(소송 진행의 협의), 제12조(간이공판절차의 결정) 및 제13조(판결선고)를 준용한다. (출처:성폭력범죄의 처벌 등에 관한특례법, 제11729호 2013. 4. 5 일부개정)

특례법 제22조에 이어 제24조에서도 피해자의 신원과 사생활을 보호하도록 하

제24조(피해자의 신원과 사생활 비밀 누설 금지)
① 성폭력범죄의 수사 또는 재판을 담당하거나 이에 관여하는 공무원 또는 그 직에 있었던 사람은 피해자의 주소, 성명, 나이, 직업, 학교, 용모, 그 밖에 피해자를 특정하여 파악할 수 있게 하는 인적사항과 사진 등 또는 그 피해자의 사생활에 관한 비밀을 공개하거나 다른 사람에게 누설하여서는 아니 된다.
② 누구든지 제1항에 따른 피해자의 주소, 성명, 나이, 직업, 학교, 용모, 그 밖에 피해자를 특정하여 파악할 수 있는 인적사항이나 사진 등을 피해자의 동의를 받지 아니하고 신문 등 인쇄물에 싣거나 「방송법」 제2조제1호에 따른 방송 또는 정보통신망을 통하여 공개하여서는 아니 된다.

(출처: 성폭력범죄의 처벌 등에 관한 특례법 제11729호, 2013. 4. 5 일부개정)

고 있는데, 성폭력 사건의 법적 절차에 관여하는 공무원이 피해자의 인적사항과 정보를 타인에게 누설하지 못하게 규정하고, 사생활에 관한 비밀을 보장하도록 규정하고 있다.

또한 특례법 제26조는 경찰서, 검찰청에서의 전담조사제를 규정하여 성폭력 사건의 경험과 지식이 많은 담당자가 피해자를 담당하도록 규정하고 있고, 제28조에서는 전담재판부가 해당사건을 재판하도록 규정하고 있다.

제26조(성폭력범죄의 피해자에 대한 전담조사제)

① 검찰총장은 각 지방검찰청 검사장으로 하여금 성폭력범죄 전담 검사를 지정하도록 하여 특별한 사정이 없으면 이들로 하여금 피해자를 조사하게 하여야 한다.

② 경찰청장은 각 경찰서장으로 하여금 성폭력범죄 전담 사법경찰관을 지정하도록 하여 특별한 사정이 없으면 이들로 하여금 피해자를 조사하게 하여야 한다.

③ 국가는 제1항의 검사 및 제2항의 사법경찰관에게 성폭력범죄의 수사에 필요한 전문지식과 피해자 보호를 위한 수사방법 및 수사절차 등에 관한 교육을 실시하여야 한다.

제28조(성폭력범죄에 대한 전담재판부)

지방법원장 또는 고등법원장은 특별한 사정이 없으면 성폭력범죄 전담재판부를 지정하여 성폭력범죄에 대하여 재판하게 하여야 한다.

(출처: 성폭력범죄의 처벌 등에 관한 특례법 제11729호, 2013. 4. 5 일부개정)

특례법에서는 19세 미만의 성폭력 피해자에 대해서는 특별히 보호하도록 규정하고 있는데, 이들에 대해서는 수사단계인 경찰서, 검찰청에서부터 진술을 녹화하여 이후 단계에서 진술반복을 통한 피해가 발생하지 않도록 하고 있다. 하지만 이러한 규정에도 불구하고, 이후 형사적 단계에서 피해자에게 재진술을 하지 못하도록 하는 규정이 없는 관계상 피해자들의 피해는 막지 못하고 있는 상태이다. 본 규정과 더불어 성폭력 피해 전문 상담가를 통한 피해자 진술확보에 대한 규정이 보완된다면, 19세 미만의 성폭력 피해자에게 피해가 발생하지 않고 형사적 절차를 진행할 수 있을 것이다.

제30조(영상물의 촬영·보존 등)

① 성폭력범죄의 피해자가 19세 미만이거나 신체적인 또는 정신적인 장애로 사물을 변별하거나 의사를 결정할 능력이 미약한 경우에는 피해자의 진술 내용과 조사 과정을 비디오녹화기 등 영상물 녹화장치로 촬영·보존하여야 한다.
② 제1항에 따른 영상물 녹화는 피해자 또는 법정대리인이 이를 원하지 아니하는 의사를 표시한 경우에는 촬영을 하여서는 아니 된다. 다만, 가해자가 친권자 중 일방인 경우는 그러하지 아니하다.
③ 제1항에 따른 영상물 녹화는 조사의 개시부터 종료까지의 전 과정 및 객관적 정황을 녹화하여야 하고, 녹화가 완료된 때에는 지체 없이 그 원본을 피해자 또는 변호사 앞에서 봉인하고 피해자로 하여금 기명날인 또는 서명하게 하여야 한다.
④ 검사 또는 사법경찰관은 피해자가 제1항의 녹화장소에 도착한 시각, 녹화를 시작하고 마친 시각, 그 밖에 녹화과정의 진행경과를 확인하기 위하여 필요한 사항을 조서 또는 별도의 서면에 기록한 후 수사기록에 편철하여야 한다.
⑤ 검사 또는 사법경찰관은 피해자 또는 법정대리인이 신청하는 경우에는 영상물 촬영과정에서 작성한 조서의 사본을 신청인에게 발급하거나 영상물을 재생하여 시청하게 하여야 한다.
⑥ 제1항에 따라 촬영한 영상물에 수록된 피해자의 진술은 공판준비기일 또는 공판기일에 피해자나 조사 과정에 동석하였던 신뢰관계에 있는 사람 또는 진술조력인의 진술에 의하여 그 성립의 진정함이 인정된 경우에 증거로 할 수 있다.
⑦ 누구든지 제1항에 따라 촬영한 영상물을 수사 및 재판의 용도 외에 다른 목적으로 사용하여서는 아니 된다.

(출처: 성폭력범죄의 처벌 등에 관한 특례법 제11729호, 2013. 4. 5 일부개정)

일반적인 재판 과정은 공개하는 것이 원칙이지만, 특례법은 성폭력 피해자를 증인으로 참여시키는 재판에 있어서는 비공개 재판을 할 수 있도록 하였다. 이를 위해 성폭력 피해자나 가족에게 비공개 재판을 신청할 수 있는 권리를 보장하고 있다.

제31조(심리의 비공개)

① 성폭력범죄에 대한 심리는 그 피해자의 사생활을 보호하기 위하여 결정으로써 공개하지 아니할 수 있다.
② 증인으로 소환받은 성폭력범죄의 피해자와 그 가족은 사생활보호 등의 사유로 증인신문의 비공개를 신청할 수 있다.
③ 재판장은 제2항에 따른 신청을 받으면 그 허가 및 공개 여부, 법정 외의 장소에서의 신문 등 증인의 신문 방식 및 장소에 관하여 결정할 수 있다.
④ 제1항 및 제3항의 경우에는 「법원조직법」 제57조(재판의 공개)제2항·제3항 및 「군사법원법」 제67조제2항·제3항을 준용한다. 〈개정 2013.4.5〉

(출처: 성폭력범죄의 처벌 등에 관한 특례법 제11729호, 2013. 4. 5. 일부개정)

특례법은 법원에서 재판을 진행할 때 정신건강의학과 의사, 심리학자, 사회복지학자 등에게 피해자의 심리 상태를 진단하게 할 수 있고 피해자 진술 내용에 대해 의견을 제시하게 할 수 있으며, 조사, 심리할 때 전문가의 의견을 고려하도록 규정하고 있다.

> 제33조(전문가의 의견 조회)
> ① 법원은 정신건강의학과의사, 심리학자, 사회복지학자, 그 밖의 관련 전문가로부터 행위자 또는 피해자의 정신·심리 상태에 대한 진단 소견 및 피해자의 진술 내용에 관한 의견을 조회할 수 있다.
> ② 법원은 성폭력범죄를 조사·심리할 때에는 제1항에 따른 의견 조회의 결과를 고려하여야 한다.
> ③ 법원은 법원행정처장이 정하는 관련 전문가 후보자 중에서 제1항에 따른 전문가를 지정하여야 한다.
> ④ 제1항부터 제3항까지의 규정은 수사기관이 성폭력범죄를 수사하는 경우에 준용한다. 다만, 피해자가 13세 미만이거나 신체적인 또는 정신적인 장애로 사물을 변별하거나 의사를 결정할 능력이 미약한 경우에는 관련 전문가에게 피해자의 정신·심리 상태에 대한 진단 소견 및 진술 내용에 관한 의견을 조회하여야 한다.
> ⑤ 제4항에 따라 준용할 경우 '법원행정처장'은 '검찰총장 또는 경찰청장'으로 본다.
>
> (출처 : 성폭력범죄의 처벌 등에 관한 특례법 제11729호, 2013. 4. 5 일부개정)

특례법은 피해자가 재판에 증인으로 출석할 때 피해자가 신청하거나 검사, 법정대리인이 신청하는 경우 피해자와 신뢰관계에 있는 자를 동석할 수 있도록 하였다. 이러한 절차는 경찰과 검찰의 수사단계에서도 적용되도록 하였는데, 이를 통해 성폭력 피해자가 정서적인 안정감을 갖고 법적 절차에 참여할 수 있는 계기가 마련되었다.

> 제34조(신뢰관계에 있는 사람의 동석)
> ① 법원은 제3조부터 제8조까지, 제10조 및 제15조(제9조의 미수범은 제외한다)의 범죄의 피해자를 증인으로 신문하는 경우에 검사, 피해자 또는 법정대리인이 신청할 때에는 재판에 지장을 줄 우려가 있는 등 부득이한 경우가 아니면 피해자와 신뢰관계에 있는 사람을 동석하게 하여야 한다.
> ② 제1항은 수사기관이 같은 항의 피해자를 조사하는 경우에 관하여 준용한다.
> ③ 제1항 및 제2항의 경우 법원과 수사기관은 피해자와 신뢰관계에 있는 사람이 피해자에게 불리하거나 피해자가 원하지 아니하는 경우에는 동석하게 하여서는 아니 된다.
>
> (출처: 성폭력범죄의 처벌 등에 관한 특례법 제11729호, 2013. 4. 5. 일부개정)

또한, 특례법에서는 정신건강의학, 심리학, 사회복지학, 교육학 등의 전문가와 같이 아동이나 장애인의 심리 또는 의사소통 관련 전문지식이 있는 사람 등을 일정 교육 이수 후에 '진술조력인'으로 위촉할 수 있도록 하고 있다(특례법 제35조). 피해자가 13세 미만의 아동이거나 신체적인 또는 정신적인 장애로 의사소통에 어려움이 있는 경우 이러한 진술조력인이 경찰, 검찰의 수사과정과 법원의 재판단계에 참여하여 의사소통을 중개하거나 도움을 줄 수 있도록 하였다(특례법 제36조, 제37조). 다만 수사과정에서는 검사 또는 사법경찰관이, 재판과정에서는 법원이 직권으로 참여를 결정하거나 피해자, 피해자의 법정대리인 또는 변호사의 신청으로 참여할 수 있도록 하고 있어, 의무적인 참여는 불가능한 한계는 남아 있다.

제36조(진술조력인의 수사과정 참여)

① 검사 또는 사법경찰관은 성폭력범죄의 피해자가 13세 미만의 아동이거나 신체적인 또는 정신적인 장애로 의사소통이나 의사표현에 어려움이 있는 경우 원활한 조사를 위하여 직권이나 피해자, 그 법정대리인 또는 변호사의 신청에 따라 진술조력인으로 하여금 조사과정에 참여하여 의사소통을 중개하거나 보조하게 할 수 있다. 다만, 피해자 또는 그 법정대리인이 이를 원하지 아니하는 의사를 표시한 경우에는 그러하지 아니하다.

② 검사 또는 사법경찰관은 제1항의 피해자를 조사하기 전에 피해자, 법정대리인 또는 변호사에게 진술조력인에 의한 의사소통 중개나 보조를 신청할 수 있음을 고지하여야 한다.

③ 진술조력인은 조사 전에 피해자를 면담하여 진술조력인 조력 필요성에 관하여 평가한 의견을 수사기관에 제출할 수 있다.

④ 제1항에 따라 조사과정에 참여한 진술조력인은 피해자의 의사소통이나 표현 능력, 특성 등에 관한 의견을 수사기관이나 법원에 제출할 수 있다.

⑤ 제1항부터 제4항까지의 규정은 검증에 관하여 준용한다.

⑥ 그 밖에 진술조력인의 수사절차 참여에 관한 절차와 방법 등 필요한 사항은 법무부령으로 정한다.

제37조(진술조력인의 재판과정 참여)

① 법원은 성폭력범죄의 피해자가 13세 미만 아동이거나 신체적인 또는 정신적인 장애로 의사소통이나 의사표현에 어려움이 있는 경우 원활한 증인 신문을 위하여 직권 또는 검사, 피해자, 그 법정대리인 및 변호사의 신청에 의한 결정으로 진술조력인으로 하여금 증인 신문에 참여하여 중개하거나 보조하게 할 수 있다.

② 법원은 증인이 제1항에 해당하는 경우에는 신문 전에 피해자, 법정대리인 및 변호사에게 진술조력인에 의한 의사소통 중개나 보조를 신청할 수 있음을 고지하여야 한다.

③ 진술조력인의 소송절차 참여에 관한 구체적 절차와 방법은 대법원규칙으로 정한다.

제38조(진술조력인의 의무)

① 진술조력인은 수사 및 재판 과정에 참여함에 있어 중립적인 지위에서 상호간의 진술이 왜곡 없이 전달될 수 있도록 노력하여야 한다.

② 진술조력인은 그 직무상 알게 된 피해자의 주소, 성명, 나이, 직업, 학교, 용모, 그 밖에 피해자를 특정하

여 파악할 수 있게 하는 인적사항과 사진 및 사생활에 관한 비밀을 공개하거나 다른 사람에게 누설하여서는 아니 된다.

(출처: 성폭력범죄의 처벌 등에 관한 특례법 제11729호, 2013. 4. 5. 일부개정)

특례법에서는 일부 성폭력 피해자에 대해 재판과정에서 비디오 등 중계장치를 통해 신문할 수 있도록 하였다. 이를 통해 피해자가 재판과정에서 좀 더 적극적으로 보호 받을 수 있는 여건이 마련되었다.

제40조(비디오 등 중계장치에 의한 증인신문)

① 법원은 제2조제1항제3호부터 제5호까지의 범죄의 피해자를 증인으로 신문하는 경우 검사와 피고인 또는 변호인의 의견을 들어 비디오 등 중계장치에 의한 중계를 통하여 신문할 수 있다.

② 제1항에 따른 증인신문의 절차·방법 등에 관하여 필요한 사항은 대법원규칙으로 정한다.

(출처: 성폭력범죄의 처벌 등에 관한 특례법 제11729호, 2013. 4. 5. 일부개정)

4. 성폭력 피해자 지원을 위한 정보

성폭력 피해자 상담을 위해서 상담자는 심리상담 전문가(psychological counselor), 사회복지적 상담자(social worker), 법적 절차에 관한 정보제공자(consultant)로서의 역할이 필요하다. 그 중 사회복지적 상담자의 역할을 감당하기 위해서, 성폭력 피해자 지원을 위한 정보가 필요하다. 본서의 [부록]으로 여성가족부 홈페이지(2013)에 '정책 가이드'란에서 '인권보호-성폭력 방지' 메뉴의 '자료실'에 공개적으로 게시된 자료를 첨부하였다. 해당 게시물은 2012년 성폭력 피해자 전담의료기관 현황(2012. 3. 30. 게시)과 전국 해바라기 아동센터 및 원스톱 지원센터 주소 및 연락처(2010. 11. 16.)이다. 이를 본서 [부록]에 직접 인용하였으니 이를 참고하여 성폭력 피해자를 지원하는 데에 정보를 제공하기 바란다.

● 생각해 보기

1. 성폭력 피해자 상담과 일반 심리상담의 차이점은 무엇인가?
2. 성폭력 피해자를 지원하기 위한 방법은 무엇인가?
3. 법적 절차에서 성폭력 피해자를 보호하기 위한 절차는 무엇인가?

참고문헌

김상원(1999). **성교육, 성상담의 이론과 실제.** 서울: 교육출판사.

함덕경(2010). **성폭력특별법의 성폭력 피해자 보호에 관한 연구.** 단국대학교 미간행 석사학위논문.

대법원 종합법률정보. http://glaw.scourt.go.kr/jbsonw/jbson.do

여성가족부 http://www.mogef.go.kr/korea/view/policyGuide/policyGuide03_02_05.jsp

CHAPTER 15

성폭력 가해자 상담

핵심단어 공감 능력, 분노감정 조절 능력, 역기능적 가족 상호작용

개 요 성폭력의 재발을 방지하고, 특히 성폭력 가해자 중 청소년의 경우에는 가해자를 대상으로 한 상담이 필요하다. 성폭력 가해자의 특징은 공감 능력이 부족하고 분노감정을 잘 조절하지 못하며, 역기능적 가족 상호작용으로 인해 정서적 혼란감과 스트레스를 경험한다. 이러한 상황에서 성폭력 가해를 하게 되는데, 가해자의 변화를 위한 상담 기법으로 게슈탈트(Gestalt) 상담 이론의 빈 의자 기법을 활용한 역할 바꾸기 연습, 인지행동치료에 근거한 자기주장 훈련, 경험적 가족상담 기법 등이 도움이 된다.

1. 성폭력 가해자 상담의 필요성

성폭력 가해자에 대해서는 엄벌에 처해야 한다는 사회 분위기 상, 성폭력 가해자를 상대로 심리상담을 제공해야 한다는 주장은 다소 무리인 것처럼 들리나, 성폭력 범죄를 저지른 가해자들을 모두 구속하고 철저하게 감시할 수 없는 현 제도 하에서는 가해자의 상담을 통해 재발 방지를 도모하는 것도 필요해 보인다. 특히 성폭력 가해자가 미성년자이고 범죄 정도가 심각한 상황이 아닐 경우, 이들에 대한 과도한 처벌은 미성년자의 재기 가능성을 단절시키는 위험을 안고 있다. 따라서 성폭력 가해자가 미성년자이고 그 정도가 심하지 않을 경우, 이들이 범죄를 다시 행하지 않게 하기 위한 심리상담 및 교육 프로그램 개발이 필요하다.

2. 성폭력 가해자의 심리적 특성

자기 유능감을 확인하고 낮은 자존감을 회복하기 위한 목적으로 성폭력 범죄를 행한다고 주장하는 학자들이 있다. Holmes & Holmes(1998)는 성폭력 가해자는 성폭력을 남성성과 지배력을 표현하는 것으로 인식하는 특징을 보인다고 하였다. 즉, 성폭력 범죄를 행할 때, 성적인 흥분보다는 피해자의 복종을 얻고자 하는 목적이 더 크다고 하였다. Knight & Prentky(1990)는 성폭력 가해자는 자존감이 낮고 무능력감이 팽배한데, 힘이 약한 피해자에게 성폭력을 가함으로써 자기 유능감과 지배력이 확인될 수 있으므로 이를 목적으로 성폭력을 가한다고 주장하였다. Kilmartin(2000)도 성폭력 가해자들은 낮은 자존감을 보상하기 위해 자신보다 연약한 피해자들에게 성폭력 범죄를 행한다고 하였다.

Holmes & Holmes(1998)와 Groth(1979)는 여성으로부터 받아온 피해를 보복하려는 분노감정 때문에 여성에게 성폭력을 가한다고 주장하였다.

성폭력 범죄와 같이 상호 합의가 아닌 위력과 가학적인 행동을 해야만 성적인 흥분을 경험하는 경우도 있는데, 정신장애의 진단 및 통계편람 제4판(DSM-IV)에서는 이러한 특징을 변태 성욕(paraphilias) 중 성적 가학증(sexual sadism)으로 분류하기도 한다.

Marshall, Anderson & Fernandez(1999)는 성폭력 가해자들은 피해자와 친밀감을 느끼고자 하나 성적 행위를 할 수 없을 정도로 친밀감이 형성되지 않아 결국 성폭력 범죄를 행한다고 한다. 즉 성폭력 가해의 목적을 친밀감을 느끼고자 하는 것으로 보았다.

성폭력 가해자의 가장 중요한 특징으로 공감 능력의 부족을 들 수 있다(Hudson, Marshall, Wales, Mcdonald, Bakker, & MacLean, 1993; 신의진, 오태성, 이영준, 송원영, 이경숙, 유은희, 2005). 특히 신의진 등(2005)의 연구에서는 성폭력 가해자 중 청소년이 성인에 비해 공감도가 현저히 부족하다고 보고하고 있다. 공감(empathy) 능력은 상대방의 입장이 되어서 생각해 보는 역지사지(易地思之)의 능력이다. 즉, 상대방의 입장이 되어서 상대방의 느낌을 느껴 본 후 그 느낌을 표현하는 능력이다. 공감 능력의 전제는 타인의 입장에서 생각해 보는 인지적 능력, 타인의 입장이 되었을 때의 감정을 인식하는 정서적 능력 등이 전제가 된다. 역지사지의 능력이나 감정을 느끼는 능력은 절대적으로 후천적으로 경험되는 능력이다(이장호, 금명자, 2012). 성폭력 가해자 중, 특히 청소년의 경우 부모에게서 공감 받는 체험을 하지 못하여 역지사지의 능력이 현저하게 떨어지고 부모의 폭력적이고 억압적인 양육태도로 인해 자신의 감정을 느끼지 않으려고 하는 경향이 많다.

또한 신의진 등(2005)에 의하면, 성폭력 가해자 중 청소년의 경우 성적 가해 행동을 통해 현재 경험하고 있는 스트레스를 잊으려고 하는 경향을 보인다고 한다. 즉, 많은 스트레스에 노출됨으로 인해 이를 잊고 회피하고자 성적 가해 행동을 하는 특징이 있다고 한다. 스트레스의 회피뿐만 아니라 심리적 불안을 감소시키기 위해 성폭력 범죄를 행하는 청소년들이 많다고 하고(Bera, 1985), 특히 Calder, Helga, Kevin, Bobbie, Tony, & Julie(2001), Bera(1985)의 연구에서는 청소년 성폭력 가해자들은 역기능적인 가족 상호작용으로 인해 심리적으로 혼란함을 느낄 때 성폭력 범죄를 일으킨다고 하였다. 이러한 연구 결과들을 고려할 때, 성폭력 가해자 중에서 청소년의 경우 부모와 가족 상호작용의 영향으로 공감 능력이 부족하고 과도한 스트레스에 노출되며 심리적 불안이 많고 역기능적인 상호작용을 경험할 때 성폭력 범죄를 행함을 알 수 있다. 이러한 상황은 김요완(2012)의 연구에서도 확인할 수 있는데, 가족과의 상호작용에서 삼각관계, 언어·비언어가 불일치한 의사소통과 단절된 의사소통, 형제에 대한 차별적인 대우, 자녀의 부모화(parentification), 심리적 외상의 억압 등의 양상이 청소년 성폭력 가해자의 가족에게서 관찰되었다.

3. 성폭력 가해자 상담의 목표와 주요 상담 이론

성폭력 가해자, 특히 청소년인 성폭력 가해자에 대해 심리상담을 할 때, 상담의 주요 목표는 공감 능력을 향상시키는 것이다. 상대방의 고통에 대해 공감할 수 있는 능력이 향상되어 성폭력 가해 행동을 다시 하지 못하도록 도울 필요가 있다. 또한 타인에 대한 분노감정이 성적 가해로 나타나지 않도록 분노감정 조절 훈련을 할 필요가 있다. 분노감정을 참고 억압하는 것이 아니라, 타인에게 상처가 되지 않도록 언어로 적절하게 표현하는 훈련과 연습이 필요하다. 특히 가해자가 청소년일 경우, 가족의 영향을 많이 받는다는 것을 인식하고 청소년 자신을 포함한 가족들을 대상으로 가족상담을 하면서 역기능적 상호작용의 변화를 모색할 필요가 있다.

이러한 상담 목표를 달성하기 위해 활용할 수 있는 상담 기법은 게슈탈트(Gestalt) 상담과 인간중심상담의 기법이다. 게슈탈트 상담의 빈 의자 기법을 통해 자신의 분노감정을 표현하고, 역할 바꾸기를 통해 상대방의 입장이 되어서 느끼고 생각해 보는 연습을 한다. 이런 과정에서 느껴지는 감정, 자신도 피해 받은 경험과 관련한 분노, 자신이 성폭력을 가해했던 피해자에 대한 미안함 등을 표현하고 상담자로부터 공감 받으며 수용 받는 체험을 할 수 있다. 이를 통해 성폭력 가해자의 공감 능력이 향상될 수 있다.

분노감정의 폭발을 성폭력 가해로 행동하는 경우, 가해자들에게 분노감정을 해소할 수 있도록 분노감정을 폭력적이지 않게 언어로 표현하여 해소하기 위해 인지치료적 대화 훈련을 할 수 있다.

인간의 인지(cognition)는 외부의 정보가 감각기관을 통해 뇌에 접수되면 과거의 경험에 근거하여 정보를 해석하는 인지(cognition, automatic thinking, self talk)가 작동해서 그와 관련한 감정이 불러일으켜진다. 이처럼 감각 정보, 인지, 정서가 하나의 단위처럼 작동하는데, 이를 인지체계(스키마; 쉐마; schema)라고 한다. 분노감정을 조절하기 어려운 경우는 많은 경우, 외부 정보를 받아들였을 때 정보에 따른 감정 표현을 반사적으로 했을 경우이다. 즉 자신이 좋아하지 않는 생선 반찬이 나온 것을 보고 반사적으로 화를 내며 밥상을 뒤엎는 것이다. 생선 반찬에 따른 밥상을 뒤엎는 행동은 매우 반사적이고 즉흥적이다. 하지만 그러한 감정 표현을 행동으로 하기까지 작동하는 인지를 살펴보면, '내가 좋아하지 않는 반찬을 상에 내어 놓는 것을 보니 나를 무시하는 것 같다.'라고 하는 부정적 인지해석과 관련이

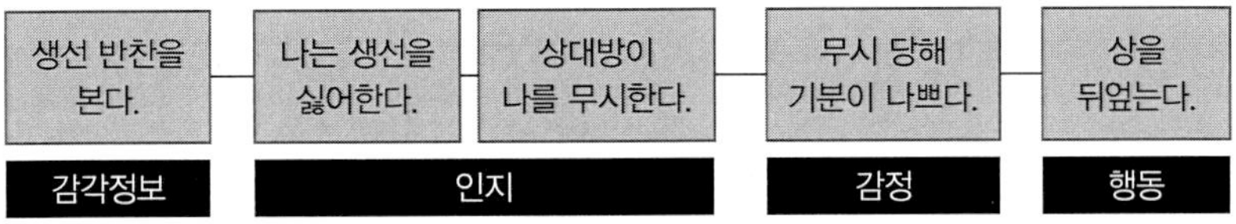

그림 15-1 행동 발현 과정

있다. 즉, 생선 반찬과 밥상을 뒤엎는 행동 사이에는 다음과 같은 과정이 있다.

그림 15-1에서 보는 바와 같이, 생선 반찬을 본 감각정보와 상을 뒤엎는 행동 사이에 함께 일어나고 있는 인지와 감정의 기능이 생략되고 바로 행동을 보이는 경우가 많다. 이럴 경우 행동화로 감정은 해소되기보다 오히려 회피되고, 오히려 감정이 통제할 수 없을 정도로 더 상승한다. 분노감정을 해소하지 못하고 폭력적인 양상으로 표현하는 경우, 그림 15-1과 같은 과정을 따른다. 이 때 분노감정을 폭발하지 않고 해소하는 방법은 그 감정에 머물러 보는 것이다. 자신이 느끼고 있는 감정이 단순하게 이분법적으로 좋은 감정, 나쁜 감정으로 분류되는 것이 아니라, 어떤 감정인지 느껴 보는 것이다. 그리고 그 감정은 어디서 왔는지, 즉 나의 어떤 해석 때문에 왔는지를 확인할 필요가 있다. 감정을 일으킨 인지를 확인하는 것이다.

위의 예에서 밥상을 뒤엎는다고 해서 화가 해소되지 않고, 이후에 밥상을 뒤엎는 행동의 빈도는 더 높아지게 된다. 이 때 자신의 감정을 좀 더 분화시켜 느껴 보고 그 때 감정에 영향을 준 인지를 알아차린다. 즉, 상대방이 자신을 무시한다고 생각하는 자신의 자동적 생각(automatic thinking, self talk)을 발견한다. 그 후 행동화를 하는 것이 아니라 인지와 감정의 내용을 함께 말로 표현한다. 즉, '나를 무시하는 것 같아 섭섭하고 화가 나.'라고 말하는 것이다. 이렇게 언어화하는 동안 섭섭하고 화가 난 감정에 직접 머물면서 그 감정이 의식에 의해 조절되는 상태가 된다. 즉 무의식에서 통제하지 못한 감정이 의식화되며 통제할 수 있는 상태로 변하게 된다. 특히 감정을 언어로 표현함으로써 감정 안에 있는 에너지가 언어화

(의식화)됨으로써 에너지가 소모되고 발산되는 효과를 거두게 된다.

이러한 인지치료적 자기주장 훈련을 통해 성폭력 가해자들은 분노감정을 억압하는 것이 아니라 해소할 수 있게 되고, 결국 성폭력 가해행동으로 분노감정을 표현하는 빈도가 줄어들게 된다.

청소년의 경우 역기능적인 가족 상호작용, 과도한 스트레스를 주는 가족의 상호작용에 의해 성폭력 가해 행동을 하는 것을 고려할 때, 청소년 자신뿐만 아니라 가족들을 대상으로 가족상담을 할 필요가 있다. 이를 통해 가족 상호작용이 변화하고 기능적인 상호작용을 하게 됨에 따라 가족 내에 구성원으로 속해 있는 청소년이 스트레스와 정서적 혼란을 덜 경험할 수 있다. 이러한 가족 상호작용을 변화시키는 데에는 경험적 가족상담 기법이 도움이 될 수 있다. 언어적 의사소통과 비언어적 의사소통이 일치되도록 돕고 자존감이 회복될 수 있도록 도와 청소년의 정서적 혼란을 줄일 수 있다.

● 생각해 보기

1. 성폭력 가해자 상담은 어떤 이유로 중요한가?
2. 성폭력 가해자의 개인적 특성은 어떠한가?
3. 성폭력 가해자의 가족적 특성은 어떠한가?

참고문헌

김요완(2012). **성폭력 가해 청소년의 가족체계 특징에 관한 사례연구**. 한국 가족치료학회지, 20(1), 1–22.

신의진, 오태성, 이영준, 송원영, 이경숙, 유은희(2005). 성범죄 청소년의 정신사회적 특징: 일반범죄 청소년과의 비교. **놀이치료연구**, 9(10), 39–52.

이장호, 금명자(2012). **상담연습 교본**(제3판). 서울: 법문사.

정신장애의 진단 및 통계편람 제4판(DSM-IV)

Bera, W. H.(1985). *A preliminary investigation of a typology of adolescent sex offenders and their family systems*. Unpublished master's thesis, University of Minnesota.

Calder, M. C., Helga, H., Kevin, J. E., Bobbie, P., Tony, M., & Julie, H.(2001). *Juveniles and children who sexuality abuse: Frameworks for assessment(3rd, ed.)*. Dorset, England: Russel House.

Groth, A. N.(1979). *Men who rape: The psychology of the offender*. New York: Plenum.

Holmes R. M. & Holmes, S. T.(1998). *Serial Murder(2nd ed.)*. CA: Sage Publications.

Hudson, S. M., Marshall, W. L., Wales, D., Mcdonald, E., Bakker, L. W., & MacLean, A.(1993). Emotional recognition skills of sex offenders, *Annals of Sex Research*, 6, 199–211.

Kilmartin, C.(2000). *The masculine Self*. Boston: McGraw-Hill Higher Education.

Knight, R. A. & Prentky, R. A.(1990). The developmental antecedents and adult adaptations of rapist subtypes. *Criminal Justice and Behavior, 14*. 403–426.

Marshall, W. L., Anderson, D., & Fernandez, Y. M.(1999). *Cognitive Behavioral Treatment of Sexual Offenders*. New York: Wiley.

CHAPTER 16

성폭력 피해자 지원을 위한 초기 면접

핵심단어 초기 면접, 응급 상황, 성폭력 피해 전담의료기관, '왜?'의 질문

개 요 성폭력 피해자, 특히 강간 피해자의 초기 면접에서는 상담자가 응급 상황임을 인지하고 내담자를 성폭력 피해 전담의료기관으로 안내하여 진단, 치료, 증거 수집의 과정을 경험하도록 도움을 줄 필요가 있다. 상담자도 당황할 수 있으므로 매뉴얼을 마련하여 충분히 숙지할 수 있어야 하고, 상담자가 해야 할 사항을 체크리스트로 마련하여 확인을 할 필요가 있다. 초기 면접에서 상담자가 지양해야 할 태도가 있는데, 특히 '왜?'의 질문은 삼가야 한다.

1. 성폭력 피해자의 초기 면접(intake interview)

내담자가 상담실에 왔을 때, 성폭력 전문 상담소가 아닌 이상 성폭력 피해가 있는지 여부를 확인하기 어렵다. 따라서 상담 신청서를 작성할 때 성폭력 피해 여부를 묻는 항목이 신청서에 포함될 필요가 있다. 내담자의 진술 또는 신청서에 표시를 통해 내담자가 성폭력 피해자임을 상담자가 인지하였을 때, 성폭력의 정도별 종류에 따라 상담자가 다른 입장을 취할 필요가 있다.

강간이나 강간 미수와 같은 성폭력 사건일 경우, 내담자가 법적, 의학적 조치가 있는 것조차 인식하지 못할 수가 있다. 따라서 내담자가 심리상담만을 원한다고 할지라도 상담자는 이후에 형사적, 민사적 절차가 있을 수 있다는 가정 하에 매뉴얼에 따른 면담을 진행할 필요가 있다.

본격적인 상담을 시작하기에 앞서, 내담자에게 사전 동의 과정을 알린다. 즉, 비밀 보장에 대한 사항과 비빌 보장 예외 사유에 대해 안내하고, 특히 성폭력 피해와 관련해서는 미성년 내담자일 경우 보호자에게 비밀을 보장할 수 없음을 안내한다.

강간 피해를 경험한 내담자일 경우 형사적, 민사적 절차가 있음을 알려준다. 내담자가 원하지 않는다고 할지라도 이후 심경의 변화가 있을 수 있고 자신을 보호할 수 있는 여지를 남기기 위해 초기 의학적 처치와 증거 수집의 중요성을 설명한다. 강간 피해자의 초기 면접에서는 응급 상황이라는 것을 상담자가 인지하고, 신체적 피해에 대한 대처를 해야 한다. 성폭력 피해 전담의료기관으로 내담자를 안내하는데, 내담자와 병원에 동행할 상황이 아니라면, 여성 긴급전화인 1366번이나 원스톱 지원센터와 해바라기여성아동센터의 통합번호인 1899-3075로 전화하여 도움을 요청한다.

성폭력 피해 전담의료기관에 도착하기 전에 내담자가 더러움을 호소하며 성기 부위나 상해 부위를 씻으려고 할 때, 상담자는 세척으로 인해 증거가 인멸될 가능성을 설명하고 씻지 않고 병원에 가기를 설득할 필요가 있다. 최초 강간 피해가 발생하고 가능한 12시간 이내에 병원에 가도록 하는데, 상황이 여의치 않더라도 72시간 이내에 병원에 가서 조치를 받도록 해야 이후 법적 절차에 도움을 받을 수 있다(박옥임 등, 2004).

강간 피해 후 더러워진 속옷이나 겉옷은 강간 피해를 당한 내담자에게는 더럽고 혐오스런 감정을 불러일으켜 버리거나 세탁하고자 하는 욕구가 생기는데, 상담자는 증거 보존의 중요성을 안내하고 병원 치료 후 보존할 수 있도록 권고한다.

일단 성폭력 피해 전담의료기관에 도착하면 병원에서 직접적인 도움을 주지만, 상담자는 성병 검사 여부, 임신 검사 여부 등을 확인할 필요가 있다. 특히 매독의 경우 잠복기가 있다는 것을 안내하고 이후에라도 성병 의심 증상이 보이면 즉시 병원에 가서 검사를 받도록 안내한다. 임신이 되었을 경우, 성폭력 피해로 인한 임신은 법적으로 임신중절수술이 가능함을 알려주고 수술을 받을 것인지, 출산을 할 것인지에 대한 계획을 할 수 있도록 하고, 출산 후에 직접 양육할 것인지 입양할 것인지에 대한 계획을 미리 준비할 수 있도록 조언할 필요가 있다.

강간 피해자일 경우, 내담자는 외상 후 스트레스 장애(PTSD) 증상으로 극심한 공포감과 불안을 반복적으로 경험하는데, 상담자가 공감(empathy)이 아닌 동감(sympathy) 반응을 보이며 위로를 한다고 너무 과도한 정서적 반응을 보일 경우, 내담자는 자신의 감정에 압도될 수 있다. 강간 피해자의 초기 면접 때 상담자도 당황할 수 있으니 정서적으로 침착함을 유지하도록 사전에 이러한 상황에 대한 역할연습(role-playing)이 필요하고, 당황함에 따라 중요 사항을 누락할 수 있으므로 상담실에 강간 피해자 초기 면접을 위한 체크리스트를 마련하여 꼼꼼히 체크하며 정보를 주고 조치할 필요가 있다.

2. 성폭력 피해상황 파악을 위한 질문

박옥임 등(2004, pp.116~118)은 성폭력 피해자들을 지원하기 위해 초기 면접 때 활용할 수 있는 질문들을 소개하고 있다. 이를 직접 인용하면 다음과 같다.

- 피해상황
  - 누가
  - 언제
  - 어디서
  - 피해는 몇 회
  - 피해 지속기간 및 피해 지속 유무
  - 피해 후 가장 힘든 점
  - 피해 후 산부인과 진료 여부
  - 피해 전후 정신과 진료나 상담 여부
  - 피해 사실을 누구에게 가장 먼저 이야기했는지
  - 신고 및 고소 여부
  - 이번 피해 전후에 성폭력 피해를 당한 적이 있는지 여부
  - 성폭력 피해 전후의 성경험 유무
  - 성폭력 피해 전후의 임신, 낙태 유무
  - 성폭력 종류와 방식
- 가해자에 대해(피해자가 알고 있는 상황에 한함)
  - 나이, 직업, 학력, 종교, 결혼 여부, 전과 유무, 가해자의 가족관계, 피해자와의 관계
  - 가해자의 신체적 특성
  - 가해자의 성격적 특성
- 피해자의 가족관계

– 결혼 유무, 혼인상태, 결혼지속연수, 결혼과정, 부부관계
– 배우자의 직업, 배우자와의 관계, 배우자의 성격
– 부모 유무, 나이, 직업, 동거 여부, 경제적인 상황, 부모와의 관계, 출생 순위, 양육자
– 자녀 유무, 자녀의 연령
– 가족 내의 지지적이거나 적대적인 구성원

• 건강과 성에 대하여
  – 초경 연령, 성경험, 임신경험과 횟수, 출산경험과 횟수, 성병 유무
  – 현재 임신 여부
  – 현재 복용하고 있는 약물
  – 전반적인 건강상태
  – 성에 대한 태도
  – 질병력

3. 성폭력 피해자에 대한 말과 행동

박옥임 등(2004, p.130)은 초기 면접에서 성폭력 피해자에게 해야 할 말과 태도가 있다고 하면서 주로 해야 할 말을 소개하고 있다. 이를 직접 인용하면 다음과 같다.

• 당신이 살아남아서 기쁘다.
• 당신의 잘못이 아니다.
• 이런 일이 당신에게 일어나서 마음 아프다.
• 당신은 최선을 다했다.
• 당신은 내가 어떻게 도와주기를 원하는가?
• 어디에서 이야기하는 것이 편안한가? 어디에 앉고 싶은가? 내가 함께 가 주기를 원하는가?
• 내가 상담을 하는 것이 괜찮은가?

특히 성폭력 피해자는 피동적으로 성폭력 피해를 당한 상황이므로 주어를 가해자로 할 필요가 있는데, 예를 들면 '당신은 어떻게 속옷을 벗었습니까?'를 '그가 당신의 속옷을 어떻게 벗겼습니까?'로 수정하여 질문할 필요가 있다. 이는 성폭력 피해자가 무기력에 의해 성폭력에 복종했다고 하더라도 피해자가 원해서 협조한 것이 아니라는 것을 인식하게 하는 효과가 있다.

이처럼 성폭력 피해자에 대해 초기 면접에서 상담자가 해야 할 말과 태도가 있는 반면, 하지 말아야 말과 행동이 있다. 대표적인 태도가 '왜?'의 질문을 삼가는 것이다. '왜?'라는 질문에는 질문자의 불쾌감과 불찬성까지 포함될 가능성이 많다(Bruess & Greenberg, 2009/2011). 따라서 '왜?'라는 질문을 통해 내담자는 비난받는 느낌이 들 가능성이 많다. 즉 상담자의 '왜?'라는 질문을 통해 성폭력 피해를 경험한 내담자는 자신이 원인제공을 하는 것처럼 인식할 가능성이 있다. 이러한 '왜?'의 질문은 내담자에게 자신을 방어하게 하거나 회피 또는 공격성을 나타내게 할 수 있다. 따라서 초기 면접에서 상담자는 '왜?'의 표현 대신에 '어떤 이유로'라는 말로 변경하거나 의문문을 진술문으로 표현하는 간접적 질문을 활용할 필요가 있다. 예를 들면 '왜 그 방에 들어갔나요?'를 '어떤 상황에서 그 방에 들어가게 되었나요?', 또는 '어떤 상황에서 그 방에 들어가게 되었는지가 궁금하군요.'로 바꾸어 질문할 필요가 있다.

또한, 피해자인 내담자가 무엇을 입고 있었는지 질문하는 것은 삼갈 필요가 있다. 왜냐하면 피해자인 내담자가 어떤 옷을 입고 있었는지는 본 성폭력 범죄에서 중요한 것은 아니고, 내담자의 옷의 종류와 상관없이 가해자의 범죄 의지로 인해 피해가 생겼기 때문이다(박옥임 등, 2004).

생각해 보기

1. 강간 피해자가 내담자로 상담실에 방문했을 때, 초기 면접자가 무엇에 중점을 두고 면접을 해야 하는가?
2. 강간 피해자가 초기 면접 때 몸을 씻거나 속옷을 갈아입으려고 하면 상담자는 어떤 조치를 해야 하는가?
3. '왜?'라는 질문의 폐해는 무엇이며, 어떻게 수정하여 질문할 수 있는가?

참고문헌

박옥임, 도미향, 류도희, 박애선, 백경숙, 성정현, 이규미, 이영석(2004). **성폭력 전문상담**. 서울: 시그마프레스.

Bruess, C. E. & Greenberg, J. S.(2011). **성교육의 이론과 실제**(조아미, 박선영, 유우경, 이정민, 진영선, 박은혁, 정재민, 선필호, 김소희 공역). 서울: 학지사(원저: 2009년 출판).

PART 2 성폭력 상담을 마치며

■ **성폭력 상담자는 multi-player입니다.**

성폭력 상담자는 심리상담 전문가(psychological counselor), 사회복지적 상담가(social worker), 법률 절차에 대한 정보제공자(consultant)의 역할을 동시에 수행할 수 있어야 하는 multi-player입니다.

■ **성폭력, 특히 강간 피해자 상담은 위기 상담의 개념으로 개입해야 합니다.**

외상 후 스트레스 장애(PTSD)로부터의 회복을 위한 상담으로 위기 개입을 해야 하고, 성폭력 피해 전담의료기관으로의 연계를 통해 신체적 치료와 동시에 증거를 수집해야 합니다.

■ **성폭력 피해자의 공포감, 분노감, 자기에 대한 수치심을 해소하도록 도와야 합니다.**

성폭력 피해자는 피해 상황에 대한 공포감, 가해자에 대한 분노감, 자기에 대한 수치심이 강합니다. 성폭력 피해자 상담에서 중요하게 다루어야 하는 것은 내담자의 감정입니다.

■ **성폭력 가해자의 부족한 정서적 능력은 공감 능력입니다.**

성폭력 가해자 상담을 통해 재발을 방지해야 합니다. 부족한 공감 능력이 제고되도록 도와야 합니다.

counseling & education for human sexuality

PART

3

성교육

CHAPTER 17 아동기 성교육
CHAPTER 18 청소년기 성교육
CHAPTER 19 성인기 성교육

CHAPTER 17

아동기 성교육

핵심단어 아동기 성교육, 자기(self)에 대한 긍정적 인식, 자기 몸에 대한 인식, 공감, 훈련, 역할놀이

개 요 아동기 성교육은 일방적인 지식 전달이 아니라 부모의 양육태도와 자녀의 자연스런 대화를 통해 이루어진다. 부모는 수용하고 존중하는 양육태도를 통해 자녀가 자기에 대해 긍정적인 인식을 갖게 하고 더불어 상대방을 공감할 수 있게 된다. 자녀의 질문에 대한 부모의 쉽지만 분명하고 적절한 대답으로 아동은 자기 몸에 대해 인식하게 된다. 아동기 성교육에서는 성폭력 예방을 위한 행동이 훈련되어야 하고, 특히 유괴를 당하지 않기 위해 어른을 직접 도울 수 없다는 자신의 한계를 인식할 수 있도록 해야 한다.

1. 아동기 성교육의 방향과 주제

아동과의 성교육은 일방적으로 지식을 전달하는 교육이 아니라 '대화하는 성교육'이다. 하지만, 성폭력 예방 교육에 있어서는 대화하고 가르치는 교육의 차원을 넘어 '훈련'의 성격이 강하다. 즉, 역할놀이(role-playing)와 반복연습이 필요하다.

취학 전 아동기 아이들은 성과 관련한 태도를 의식적으로 하지 않는다. 이 무렵부터 아동은 성에 대해서 호기심이 많아지는데, 아동이 갖고 있는 호기심은 성에 대한 호기심이라기보다 호기심이 성적인 측면으로 확대한 것으로 이해할 필요가 있다. 즉, 아동은 성에 대해 각성을 하며 호기심을 갖는 것이 아니라, 성을 포함한 모든 것에 궁금함을 갖고 있는 것이다. 예를 들면 성에 대해 부모에게 질문할 때의 아동의 정서는 자신의 할아버지, 할머니 성함을 물을 때의 궁금함과 동일한 수준이다.

그러나 그 질문에 대해 부모들은 다른 질문과는 다른 반응을 나타내기 때문에 아동은 성에 대해 질문을 하는 것에 대해 잘못을 하는 것으로 인식하거나 죄책감을 느끼면서도 더 깊은 궁금함을 경험한다. 그래서 부모는 아동이 성에 대해 질문할 때 당황하기보다 될 수 있는 대로 솔직하게, 분명한 단어를 사용하여 대답할 필요가 있다. 특히 성이란 신체적인 어떤 것에 국한된 것이 아니라 자기와 자기 몸에 대한 사랑, 더 나아가 타인에 대한 사랑과 배려가 포함된다는 것을 알도록 해야 한다.

♀♂ 자기에 대한 긍정적 인식

아동기 성교육의 가장 중요한 목표는 자기(self)에 대해 긍정적 인식을 갖게 하는 것이다. 즉 자기를 사랑하게 하는 것이다. 자기에 대한 사랑은 현재 자신의 몸과 자신이 경험하고 있는 감정을 소중하게 생각하는 것을 포함한다. 특히 자신이 하고 싶은 것, 되고 싶은 것을 다른 사람에게 강요받지 않고 자신이 여러 경험을 통해 스스로 찾아내고 결정할 수 있는 상태를 말한다. 결국, 자기를 사랑할 줄 아는 사람의 상태는 Rogers의 인간중심상담 이론의 개념으로 설명하면, 건강한 자기개념(self-concept)·자기구조(self-structure)가 형성된 상태를 말한다(이형득, 김선남, 김성회, 신완수, 이성태, 이수용, 2003).

자기의 신체를 소중하게 생각하고 자기에 대해 긍정적인 인식이 형성되어야 타인을 존중하고 소중하게 생각할 수 있는데, 이러한 자기에 대한 사랑은 전적으로 부모의 양육태도와 관련이 있다. 즉, 아동기 성교육의 핵심은 부모가 성에 대해 자녀에게 지식을 전달하고 교육을 시킨다기보다 긍정적인 자기의 형성, 즉 긍정적인 자존감이 형성되도록 양육하는 것과 관련이 있다.

♀♂ 자기 몸에 대한 인식

자기에 대한 긍정적인 인식, 즉 자존감이 형성되면 자기 몸에 대한 긍정적인 인식과 사랑이 생긴다. 이를 실천하기 위한 방법으로, 자기 몸의 기관에 대한 명칭을 아는 것이다.

많은 부모들은 자녀가 아동기에 있기 때문에 이러한 성교육은 너무 이르다고 생각하는데, 이는 부모의 성에 관한 억압된 생각에 근거한다. 아동들은 자신의 성기에 관한 것, 엄마 혹은 아빠가 자기의 성과 다른 이유, 아기가 어떻게 태어나는가에 대한 것 등을 종종 질문한다. 이 때 어른들은 당황하며 '넌 아직 몰라도 돼.', '조그만 게 벌써부터…….'라는 식으로 직접적인 대답을 하지 않으려고 한다. 이렇게 대답을 회피하거나 성에 대해 질문하는 행동에 대해 야단을 치거나 적당히 둘러대면, 아동은 성에 대해 궁금함을 갖는 것은 부끄러운 것이고 해서는 안 되는 것으로 인식한다. 이러한 상황에서 아동은 생명에 대한 교육, 인간 본성에 관한 학습이자 건강한 성인이 되기 위한 지식으로 성에 관한 지식을 접할 필요가 있다.

성에 대한 지식을 어떻게 알려주는지에 대한 의문이 있을 수 있는데, 부모가 자녀의 발달단계에 따라 먼저 대화하고 알려주면 좋겠지만, 자녀가 성에 대해 어떠한 지식이 궁금한지, 발달단계에 따라 어떤 내용을 알려주어야 하는지 부모가 잘 모르는 경우가 많다. 따라서 자녀가 물을 때에 대답을 하는 방식으로 알려주는 것이 좋다. 성기의 대한 이름과 기능을 묻는다면, 먼저 아동의 눈에 보이는 외부 생식기의 이름과 기능을 위주로 알려주는데, 여아의 경우 거울을 통해 직접 보여주기가 부담스럽다면 말로만 알려주어도 좋다. 유아기 때는 '잠지', '고추', '찌찌' 등으로 알려주었다면 아동기 때에는 좀 더 명확한 이름으로 설명할 필요가 있다. 순수한 우리말인 보지, 자지 등으로 이름 부르기가 부담스러울 수 있다. 많은 경우 성기관에 대한 순수한 우리말은 욕과 관련이 있기 때문에 부담스러운 것이다. 그렇다면 한자어, 예를 들면 질 입구, 음경 등으로 알려줄 수도 있다.

아동기 자녀가 성과 관련한 질문을 하여 부모가 대답을 해 줄 때, 단순히 명칭과 기능을 설명하는 것에 초점을 맞추는 것이 아니라 그 곳이 소중한 곳임을, 그래서 깨끗하게 관리하고 남이 함부로 만지거나 보게 해서는 안 된다는 것을 알려주는 데에 초점을 맞출 필요가 있다. 즉, 자신의 성기를 남이 함부로 만지거나 보지 못하게 하는 것을 포함하여 자신도 남의 성기를 함부로 만지거나 보지 않는다는 것을 알려주는 것이다. 이런 행위의 전제는 몸의 기관, 특히 성기가 부끄러운 곳이 아니라 소중한 곳이기 때문이라는 것을 인식하는 데 있다.

♀♂ 타인에 대한 공감을 통한 존중의 실천

자기에 대한 긍정적인 인식, 즉 자존감이 형성되고 자기 몸에 대해 소중히 생각하는 마음이 형성되게 대화하고 양육하고 교육하였다면, 그 다음에는 타인에 대한 존중을 실천하게 하는 것이다. 이는 단순한 정보의 전달로는 가능하지 않으며, 부모의 양육태도로 인해 자녀가 체험하도록 하는 것이다. 타인에 대한 존중은 타인의 몸과 마음을 존중하는 것인데, 이는 공감하는 태도를 통해 실천할 수 있다. 공감은 자신을 타인의 입장에 놓고 타인의 감정을 느껴서 그 감정을 말로 표현하는 것이다. 즉 역지사지(易地思之)의 능력과 감정을 자각하는 능력이 전제가 되는데, 이는 교육만으로 체득될 수 없다. 공감 능력은 전적으로 후천적인 경험을 통해 익혀지는 것이며, 특히 부모로부터 공감을 받아 온 경험을 통해 체득될 수 있다. 자녀가 부모로부터 공감 받는 것을 체험하게 하기 위해 부모가 자녀와 대화할 때 정보와 사실만을 주고받는 것이 아니라, 자녀의 이야기를 들으며 자녀의 마음과 감정을 읽고 추측하여 말로 표현하는 것이다. 이러한 공감을 통해 자녀는 타인의 감정과 몸을 소중하게 생각할 수 있는 힘이 길러진다.

2. 아동 성교육 시 부모의 태도

1) 단순하고 간결한 대답

부모가 아동기 자녀로부터 성에 대한 질문을 받게 되면, 비유를 통해 대답을 하기보다 직접적으로 대답할 필요가 있다. 특히 대답은 간결하고 단순하게 하는데, 질문한 주제에 대해서만 답을 할 필요가 있고, 부모가 더 많은 이야기를 하고 싶어도 일단 자제하는 것이 좋다. 그 이상의 이야기는 이후에 자녀가 질문을 할 때 대답을 할 필요가 있다.

2) 발달단계를 고려한 대답

아동기 자녀에 대해 성교육을 할 때, 자녀의 발달 단계를 고려하여 수준에 맞게 대답해 주어야 한다. 똑같은 질문이라도 자녀가 어리다면 짧고 단순하게, 자녀가 좀 더 크고 호기심이 깊다면 자세하고 구체적으로 대답할 필요가 있다.

3) 솔직하고 침착한 대답

특히 부모는 자녀의 질문에 대해 당황하며 질문을 회피하거나 끊지 말아야 한다. 심하게 당황하며 질문을 회피하는 부모를 보면서 자녀는 자신이 잘못한 줄 알고 죄책감을 느낄 수 있고 성에 대해 궁금함을 갖는 것에 대해서 부끄러운 행동으로 기억할 수 있다. 만약 자녀의 질문이 매우 당황스럽고 부모가 이를 조절하기 어려운 상황이라면, "그 질문을 받으니 아빠가(엄마가) 좀 당황스러우면서도 네가 궁금한 것을 물으니 반갑구나."라고 하면서 자신의 감정을 말로 표현하면서도 질문을 한 것에 대해 긍정적인 반응을 보이는 것이 좋다. 이를 통해 자녀는 자신이 지각한 부모의 비언어가 틀리지 않았다는 것을 인식하면서 자기에 대한 신뢰감을 갖게 될 뿐 아니라, 동시에 질문한 것에 대해 칭찬 받으면서 성에 대해 궁금함을 갖는 것이 잘못된 것이 아님을 인식할 수 있다. 특히 자녀들이 성을 쉽게 이야기하기 위해서는 먼저 부모 스스로 성에 대한 열린 마음과 태도를 가져야 한다. 부모는 자녀들의 성장을 인정해 주고, 아동기 자녀가 성에 대해 호기심을 갖는 행동이 자연스럽고 건강한 것임을 인정하고 수용하려는 자세를 보일 필요가 있다.

4) 즉시적인 대답

성에 대해 질문을 받을 때 부모는 그 자리에서 대답을 해 주는 것이 좋다. 그러나 부모도 모르는 질문을 받을 경우에는 알아보고 나중에 이야기해 주겠다고 약속을 하고, 다음에 꼭 이야기를 해 주는 것이 필요하다.

3. 아동 성폭력 예방 교육

아동에 대한 성폭력은 아동 성학대(child sexual abuse)라고도 불린다. 아동기 성교육은 부모의 양육태도를 통해 자녀의 질문에 대답을 하는 대화형식으로 이루어지는데, 아동 성폭력 예방 교육은 반복적인 훈련으로 교육한다는 특징이 있다.

1) 아동 성폭력 예방 교육의 주요 내용

아동 성폭력 예방 교육은 아동에게 성폭력 시도가 있을 때, 아동이 그 행위가 성폭력 시도임을 자각하고 그 시도를 어떻게 피하고 예방할 것인가에 대한 지식과 대처방안과 기술을 가르치는 데에 주안점을 두어야 한다.

♀♂ 성폭력에 관한 행위 인식

아동은 발달단계상 성폭력 피해에 대한 자각을 하기 어렵다. 따라서 성폭력과 관련한 행위가 무엇인지 구체적으로 알고 있어, 아동이 그러한 행위를 경험하게 될 때 성폭력 위험에 노출된 것을 인식할 수 있도록 도와야 한다. 이는 접촉과 성폭력을 구별하도록 돕는 것이다. 이른바 '괜찮은, 적절한' 접촉과 '안 되는, 부당한' 접촉을 구별하여 부당한 접촉을 거부하도록 가르치는 것이다. 특히 성폭력과 같은 부당한 대우를 받았을 때, 즉시 믿을 만한 어른에게 이야기하고 숨기지 말고 대화해야 한다는 인식을 가져야 하는데, 이는 부모가 아동기 자녀에게 "숨기지 말고 대답해라."라고 지시하기보다는 평소에 자녀들과 깊은 차원의 대화를 하고, 잘못을 했더라도 솔직하게 말하고 반성을 한다면 심하게 처벌하지 않는 상호작용으로 인해 자녀가 이러한 인식을 가질 수 있다.

♀♂ 피하는 행동 전략 훈련

성폭력으로부터 아동이 피하는 것은 어른에게 거절하는 말을 하는 것에서부터 시작된다. 따라서 어른임에도 불구하고 성폭력에 해당하는 행위를 하였을 경우, "싫어요."라고 거부하고 소리를 지르는 것을 훈련한다.

많은 경우 어른에게, 친척에게, 교사에게 공손하라고 가르치고, 공손하지 않으면 '나쁜' 아이라고 교육한다. '좋은' 혹은 '나쁜' 아이라는 것은 아동기 자녀의 자기(self)와 관련이 있는 것으로, 자신의 존재감을 평가 받는 것과 관련이 있다. 누구나 긍정적으로 자기를 인식하고 싶은 욕구가 있는데, 자기 자신이 나쁘게 되지 않기 위해서는 부당한 경험을 해도 참아야 한다는 부담감을 느끼게 된다. 이러한 양상은 부모의 대화와 양육태도로 영향을 받는데, 평소에 부모가 자녀의 구체적인 행동을 짚어가며 칭찬하지 않고 '착한 아이'로 칭찬했을 때 받게 되는 영향이다. 예를 들면, "네가 심부름을 해 주어 아빠는 참 기쁘다."라고 하면서 아이의 행동을 구체적으로 짚어가며 부모의 기쁜 감정을 이야기하는 것이 아니라, "어, 잘했어. 너는 참 착한 아이야."라고 하며 모호하게 착한 아이라고만 칭찬을 하면, 자녀는 자신의 행동에 따른 부모의 감정에 초점을 맞추는 것이 아니라 자신의 자존감과 연관시켜 버린다. 이런 대화에 자주 노출되면, 아동기 자녀는 부모의 말을 듣지 않으면 나쁜 아이가 되는 것으로 인식하며, 성폭력 피해에 노출되는 상황에도 어른의 말을 듣지 않으면 나쁜 아이가 되므로 착한 아이가 되기 위해서는 어른의 말을 들어야 한다고 생각해 버린다.

이러한 양상을 단절하기 위해서는 먼저 자녀에게 거절하는 연습을 하게 할 필요가 있다. 거울을 보면서 "싫어요."라고 소리를 지르는 연습을 하거나 성폭력 행동에 노출된 상황을 말로 표현하고 이 때 행동을 하게 하는 역할연습(role-playing)을 하는 것이다. 더불어 "너는 나쁜 아이야.", "너는 그것도 못하니 바보야.", "너는 죽어 없어져야 해."라고 하면서 자녀의 실수와 자녀의 존재감을 연결시키는 비난의 대화나 "너는 착한 아이야."라는 식의 모호하고 존재와 관련한 칭찬의 대화를 수정하려는 부모의 노력이 필요하다.

결국, "싫어요."라고 거절한 후, '표현 → 피함 → 다른 어른에게 도움 요청'이라는 과정을 반복 훈련시키는 것이 성폭력을 피하는 훈련에 있어 핵심적인 내용이다. 다만, 성폭력 중 강간의 상황에 노출될 위험이 있고, 그 전단계로 이미 유괴가 되어 누구의 도움도 받을 수 없는 상황이라면, 이 경우는 예외의 상황이 된다. 왜냐하면 이 때 거절의 표현을 할 경우에는 오히려 생명의 위협이 있기 때문이다. 강간을 당하지 않고 위험 상황을 피하게 되는 것이 가장 좋은 상황이지만, 만약 불가항력적(不可抗力的)인 상황이라면 자신의 생명을 보호하기 위한 행동이 더 중요하다.

4. 아동 유괴 예방 교육

성폭력, 특히 강간에 아동이 노출되기 전 많은 경우 아동이 유괴되는 경우가 많다. 따라서 아동을 대상으로 성폭력 피해를 예방하는 교육과 훈련에서는 유괴를 당하지 않기 위한 예방 교육과 훈련이 함께 실시될 필요가 있다.

아동이 유괴를 당하지 않기 위해서는 아동으로서의 한계를 인식하는 것이 필요하다. 즉, 유괴범들이 아동을 유인하는 방법으로 무거운 것을 들어달라고 하든지, 부축을 해 달라고 하면서 자신의 차로 유인한다. 자녀들에게 '어른은 어른이 도와야지 아이들이 도와줄 수 없다.'는 한계를 인식시킬 필요가 있다. 이 때 아동은 도움을 주지 못하는 죄책감을 느끼게 되는데, 이에 대한 대화가 필요하다. 도움을 거절한 아동은 평소에 배웠던 '착한 행동'을 하지 못했기 때문에 죄책감을 느낄 수 있다. 하지만, 어른은 어른이 도와야지 아이들이 할 수 없는 일을 하지 못했다고 해서 죄책감을 느낄 필요는 없다는 것을 이야기한다. 이 때 죄책감을 느끼는 감정을 계속 반영하면서 그 감정이 많이 이야기가 되어야지 아동이 죄책감이 해소되지, "그런 쓸데없는 감정을 느끼지 않아도 된다."는 식으로 감정을 억압하게 하면 죄책감 해소에 도움이 되지 못한다.

아동은 도움 요청에 대한 거절뿐만 아니라, 어른의 지시에 순종하지 못했다는 죄책감도 느낄 수 있다. 평소에 부모에 대해 무조건적인 순종을 강조한 가정일수록 자녀들은 더 큰 죄책감을 느낄 수 있다. 따라서 부모의 의견도 틀릴 수 있음을 이야기하고 평소 부모나 어른의 지시에 절대 순종을 가르치기보다는 스스로 평가하고 순종을 해야 할 상황인지 판단할 수 있도록 대화하며, 자기주장을 하도록 하는 시도가 필요하다.

유괴의 시도와 정상적인 도움 요청을 아동이 인식하지 못하고 모든 제안을 거절하는 데에도 현실적인 어려움이 있기 때문에 대안을 마련할 필요가 있다. 즉, 일단 누구의 도움 요청을 받았을 때에는 직접 도움을 주기보다는 주위의 어른들에게 도움을 요청하는 메신저 역할을 하게 하도록 하는 것이다. '어린이는 어른을 도울 수 없고, 같은 어른이 도와야 한다.'는 인식을 심어 주어 대안적이고 제한적인 도움을 제공하도록 훈련하는 것이다.

특히 아동에게는 단순한 대화와 교육만으로는 부족하다. 상황을 설정하고, 예를 들면 도움을 요청받았을 때 대처요령, 유괴범에게 강제로 끌려갔을 때 대처요령 등에 대해서 가족 각자가 역할을 맡아 실제 상황을 가정하고 아동이 역할연습을 하도록 할 필요가 있다.

5. 성폭력 피해 시 아동의 증상

박옥임 등(2004, p.256)은 아동이 성폭력 피해를 당했을 때 보이는 증상에 대해 설명하였다. 이에 대해 부모나 교사가 인지하고 성폭력 피해 여부에 대해 예민성을 키울 필요가 있다. 내용을 직접 인용하면 다음과 같다.

- 악몽을 꾸거나 잘 때도 불을 켜 놓으라고 한다.
- 자주 복통을 호소한다.
- 7세 미만의 아동의 경우, 소변을 자주 보려고 한다.
- 교사나 부모의 곁을 떠나려 하지 않으며, 평소보다 더 매달린다.
- 집중력과 학교 성적이 떨어지고 친구들과 어울리려 하지 않는다.
- 계속 자신의 성기를 만지거나 자위행위를 한다.
- 특정 인물, 단어에 대해 거부감을 나타낸다.
- 평소에 쓰지 않았던 단어, 특히 성기와 관련한 단어를 자주 사용한다.

생각해 보기

1. 아동기 성교육의 주요 주제와 부모의 양육태도에는 어떤 관련이 있는가?
2. 자녀가 거절하지 못하는 행동에는 부모의 어떤 의사소통이 영향을 주었는가?
3. 아동이 유괴를 당하지 않기 위해서는 어떤 인식이 전제되어야 하는가?

참고문헌

박옥임, 도미향, 류도희, 박애선, 백경숙, 성정현, 이규미, 이영석(2004). **성폭력 전문상담**. 서울: 시그마프레스.

이형득, 김선남, 김성회, 신완수, 이성태, 이수용(2003). **상담의 이론적 접근**. 서울: 형설출판사.

CHAPTER 18

청소년기 성교육

핵심단어 청소년기 성교육, 성행위의 인식, 순결, 피임, 자위행위

개 요 청소년기 성교육은 아동기 성교육의 내용을 반복·심화하지만, 강의, 독서, 토론 등의 좀 더 적극적인 방법으로 교육하는 특징이 있다. 자세한 용어와 명칭, 직접적인 표현을 통해 매우 구체적으로 교육을 해야 하는데, 교육자나 부모의 가치관에 한정되어 편협적, 소극적으로 교육하기보다 많은 가능성을 염두에 두고 폭넓게 교육할 필요가 있다. 청소년기 성교육은 성행위의 종류를 인식시키고, 순결과 피임 교육을 동시에 하되 성교를 지연시키는 것의 중요성, 즉 계획된 임신의 중요성을 강조할 필요가 있다. 또한 자위행위에 대해 죄책감을 표현하게 하고 타당화, 보편성을 체험하게 하여 적응해 나갈 수 있도록 돕는 것이 필요하다.

1. 청소년기 성교육의 특징

사춘기가 시작되는 청소년기 성교육은 개인의 발달단계에서 가장 중요한 부분이라고 할 수 있다. 이러한 이유 때문에 국내에서 발행된 많은 성교육 관련 전문서적은 청소년기 성교육에 대해 다루고 있다. 청소년기 성교육이 중요한 이유는 사춘기 청소년의 특징과 관련이 있다. 사춘기 청소년의 특징을 한 마디로 이야기한다면, "성호르몬의 분비에 의한 신체적, 생리적 변화를 경험하면서 성적인 호기심과 의구심 및 성적 탐구욕이 폭발하게 되는 시기"(이시백, 강지원, 구본용, 김세철, 신경아, 이기춘, 이윤수, 이임순, 임은미, 장윤경, 최정목, 2005, p.188)로 특징지을 수 있다. 이처럼 성적인 호기심이 폭발하는 상황에서 성적 행동을 할 수 있는 가능성이 많은 시기가 청소년기이다. 이로 인해 원치 않은 임신이 발생할 가능성이 높아짐에 따라 개인적, 사회적, 법적인 문제의 발생 가능성도 높아진다.

사춘기에 있는 청소년들을 성교육할 때의 특징은 아동기와는 달리 적극적이고 구체적이며 많은 가능성들을 염두에 두고 성교육을 해야 한다는 것이다. 청소년들은 성에 대한 호기심 때문에 부모나 교사가 예상하는 것보다 훨씬 많은 성지식들을 인터넷을 통해 접하여 알고 있고, 특히 부모가 상상하는 것 이상으로 자녀가 성행위를 했거나 할 가능성이 많다. 김종출(2000)은 연구에 참여한 고등학생 중 남학생은 33.25%가, 여학생은 14.15%가 성교를 경험하였다고 한다. 또한 장순복, 김소야자, 한인영, 박영주, 강현철, 이선경(2001)은 연구에 참여한 고 2 여학생의 33.7%가 입술과 혀의 접촉이 있는 키스를 경험하였고 12%가 가슴을, 6%

는 성기를 만지는 애무를 경험하였으며 6%는 성교를 한 경험이 있다고 하였다. 따라서 청소년기의 성교육의 특징은 '내 아이는 안 그러겠지.'라는 생각으로 최소한의 성교육을 하기보다 모든 가능성을 열어 두고 광범위하게 성교육을 해야 하는 특징이 있다.

2. 청소년기 성교육의 내용

1) 아동기 성교육 내용의 반복과 심화

아동기 성교육에서 중요하게 다루었던 자기와 자기 몸에 대한 긍정적으로 인식하는 것과 공감을 통해 타인을 존중하는 것에 대해 반복하되, 더 폭넓고 심화된 접근으로 교육할 필요가 있다.

2) 몸의 기관과 성기관, 성감대의 인식

아동기에는 주로 대화를 통해 성교육이 이루어졌다면, 청소년기에는 대화 이외에 학교에서의 교육, 부모와의 교육과 토의, 건전한 성교육 책을 통한 학습 등 적극적이고 다양한 방법으로 성교육을 할 필요가 있다. 특히 제2차 성징의 발현으로 인해 몸이 변화됨에 따라 부모는 자녀에게 현재 경험하게 된 몸의 변화에 대해 미리 알려주고 준비를 시켜야 한다. 자신의 경험에 근거해서 알려주기도 하지만 관련 도서를 소개해주어 읽게 하는 것도 좋은 방법이다. 외부 성기관 외에도 내부 성기관에 대해 알려주고 책의 그림을 통해 함께 이야기하고 토의를 해 보는 것도 좋다. 특히 전신 거울을 가지고 자신의 몸을 샅샅이 보게 하거나 손거울을 이용하여 보이지 않는 곳의 몸의 부위와 기관들을 보게 하는 것이 좋다. 외부 성기관과 내부 성기관이 무엇이고 1차 성감대와 2차 성감대가 어디인지 함께 이야기하면서 알게 할 필요가 있다. 이 때 전문적인 용어를 사용할 필요가 있다. 특히, 일부를 숨기거나 비유하여 말하기보다는 정확한 용어로 직접적으로 표현할 필요가 있다. 더불어 성감대가 자극될 때 올라오는 성욕이 얼마나 큰 에너지를 갖고 있고 얼마나 조절하기 어려운지 알려주며, 성욕을 조절하기 위해 어떻게 성욕이 올라오는 상황을 피할지, 어떻게 성욕을 떨어뜨릴지 알려줄 필요가 있다.

3) 성행위의 인식

성행위를 장순복 등(2001)은 손잡기, 어깨동무, 뽀뽀, 키스, 가슴 만지기, 성기 만지기, 성교로 구분하였다. 단순히 성교만을 성행위로 인식하지 않고 다양한 행동도 성적 행위로서 성교에 이르게 할 수 있다고 전제한 것이다. 이는 앞서 1장, '3. 성과 관련한 용어'에서도 언급하였듯이, 성행위를 성교만으로 한정하는 인식으로 인해 다른 성행위의 중요성과 영향이 무시되고 있다. 이와 같은 양상으로 성교 외에 다른 행위로 인해 성교에 이를 수 있는 가능성이 무시되고 있다.

따라서 성교 외에 어떤 행위가 성행위인지 알고, 이들 성행위 중에서 자신이 성교를 하고자 하는 욕구가 생기지 않고 조절할 수 있는 행위는 어느 단계의 행위까지인지를 인식하게 할 필요가 있다. 그 이상의 단계에서는 행위를 하면서 성욕을 조절하기 어려우므로 행위와 상황을 피하면서 성욕을 조절하기를 권할 필요가 있다.

4) 임신과 출산의 과정, 피임의 방법

임신과 출산의 과정을 자세히 알려주고, 피임의 방법 등에 대해 교육할 필요가 있다. 특히 피임 도구 등에 대해서는 실물을 보면서 학습하면 더욱 도움이 된다. 다만, 임신과 출산의 과정, 피임의 방법 등을 교육할 때에는 임신 등에 관해 교육자 개인의 가치를 전달하는 것을 지양할 필요가 있다. 예를 들면, 성교육자나 부모가 결혼 전까지 순결해야 한다는 가치관이 있다고 하더라도 피임에 대한 정보를 알려주어야 하고, 인공중절수술을 반대하는 가치관이 있다고 하더라도 성폭력 피해자인 경우 법적으로 인공중절수술을 받을 수 있다는 정보를 알려줄 필요가 있다. 하지만 청소년기인 만큼 성교를 지연시키는 것이 중요함을 알릴 필요가 있다. 즉, 계획된 임신의 중요성에 대해 강조를 해야 한다는 것이다. 임신을 하는 여성의 신체적, 정신적 건강을 보장하기 위해, 출생하는 자녀의 신체적, 심리적 안정과 건강을 위해 계획된 임신을 해야 함은 이미 앞선 장에서 강조하였다.

6) 성병

성병의 종류와 감염 경로, 증상, 예방법 등에 대해 알고 스스로 자신을 병으로부터 보호할 수 있도록 해야 한다.

7) 자위행위

청소년기 성교육에서 중요시 다루어야 할 부분 중에 자위행위가 있다.

많은 청소년들은 자위행위의 쾌감을 우연히 발견한다. 자신도 모르게 성기를 만지는 과정에서 기분이 좋아져 계속 자극하다 보니 사정을 하게 된다. 하지만 자위행위를 경험하지 않은 남자 청소년의 경우, 꿈을 꾸는 동안 에로틱한 장면을 꾸면서 사정을 하게 되고(몽정), 이 때 이불에 소변을 보는 줄 알고 깜짝 놀라 일어나지만 속옷에는 소변과는 다른 액체가 있어 자신의 몸에 이상이 있는 줄 알고 걱정을 하기도 한다.

Kinsey, Pomeroy, Martin, & Gebhard(1953)는 연구에 참여한 청소년 중, 남성은 82%, 여성은 20%가 15세 때 자위행의를 경험한다고 하였다. 자위행위는 이처럼 많은 수의 청소년이 하고 있고, 많은 연구에서 자위행위의 장점 등이 소개되고 있으며, 성인의 경우 성치료에서 자위행위가 중요한 성기능부전의 치료 방법으로 활용되고 있다.

그렇다고 하여 자위행위가 누구에게나 권장되고 바람직한 것은 아니다. 자위행위를 통한 죄책감으로 인해 괴로움을 겪는 사람들이 많이 있는 것도 사실이기 때문이다. 이러한 죄책감을 느끼는 사람 중에 크리스천이 많은데, 이는 다음과 같은 성경 구절과 관련이 있다.

- 음욕을 품고 여자를 보는 자마다 마음에 이미 간음하였느니라(마태복음 5:28)
- 오난이 그 씨가 자기 것이 되지 않을 줄 알므로 형수에게 들어갔을 때에 그의 형에게 씨를 주지 아니하려고 땅에 설정하매 그 일이 여호와가 보시기에 악하므로 여호와께서 그도 죽이시니(창세기 38:9–10)

자위행위를 하면서 성적인 환상이 자연스럽게 떠오를 수밖에 없는 상황이어서 이로 인해 간음에 대한 죄책감이 생길 수 있고, 특히 자위행위를 통한 사정으로 죽게 된 오난의 이야기를 통해 자위행위에 대해 죄책감을 느낄 수밖에 없는 상황이다. 하지만 자위행위에 대한 정답은 없다고 본다. 자위행위에 대해 청소년에 따라 다른 입장을 취할 필요가 있다.

♀♂ 자위행위를 즐기는 청소년

자위행위는 자연스런 행동이라는 것을 알려주고, 위생적으로 안전한 장소에서 할 필요가 있음을 강조한다. 특히 자위행위를 도서관이나 공공장소에서 함으로써 다른 사람에게 피해를 주지 않도록 해야 함을 교육한다.

♀♂ 자위행위에 대해 죄책감을 느끼는 청소년

자위행위에 대한 생각과 죄책감으로 인한 긴장을 해소하는 쪽으로 성교육이 진행될 필요가 있다.

강박적인 상태가 아니고 정액에 피가 섞일 정도로 심한 자위행위가 아니라면, 죄책감을 느끼는 것 자체가 자연스런 것임을 강조한다. 죄책감을 말로 표현하게 하고 그러한 느낌이 드는 것이 자연스럽다는 것을 타당화하며, 많은 청소년들도 같은 고민을 하고 있다는 것을 알려주고 보편성을 체험하게 할 필요가 있다. 다만, 강박적으로 공공장소에서 신체에 이상이 올 정도로 자위행위를 한다면 전문가의 상담을 권할 필요가 있다.

생각해 보기

1. 청소년기 성교육이 아동기 성교육과 다른 점은 무엇인가?
2. 순결에 대해 자신의 생각은 어떠한가?
3. 자위행위에 대해 자신의 생각은 어떠한가?

참고문헌

김종출(2000). **청소년의 성의식 및 성실태 조사 연구**. 순천향대학교 미간행 석사학위논문.

이시백, 강지원, 구본용, 김세철, 신경아, 이기춘, 이윤수, 이임순, 임은미, 장윤경, 최정목(2003). **성교육이론과 실제**. 서울: 서울대학교 출판부.

장순복, 김소야자, 한인영, 박영주, 강현철, 이선경(2001). 십대 여학생의 성행태와 성경험관련요인. **대한간호학회지**, 31(5), 921–931.

Kinsey, A. C., Pomeroy, W., Martin, C. E., & Gebhard, P.(1953). *Sexual behavior in the human female*. Philadelphia: Saunders.

CHAPTER 19

성인기 성교육

- **핵심단어** 성인기 성교육, 생명의 소중함, 여성긴급전화 1366, 성폭력 피해 전담의료기관, 심리적 외상, 심리상담, 강간 피해 예방, 성희롱·성추행 가해 예방

- **개 요** 성인기 성교육에서는 성년과 노년의 성인들이 대상이 된다. 성인기 성교육의 주요 내용은 남녀의 성기능, 성기관, 피임, 만족한 성교를 위한 지식, 성 관련 장애의 종류와 치료, 성 의사소통 등에 대한 정보이다. 성인들에 대한 강간 피해 위험에 노출되었을 때의 행동 요령 교육에서는 자신의 생명을 소중하게 생각해야 한다는 교육, 성반응 단계를 고려한 대처 요령 등을 교육할 필요가 있다. 또한 자신이 성희롱·성추행 가해자가 되지 않도록 이에 대해 예민성을 키우기 위한 교육이 필요하다.

1. 성인기 성교육의 내용

성인기 성교육은 성년과 노년의 성인들이 대상이 된다. 1부 성상담에서 다룬 주요 내용이 성인기 성교육의 내용이 된다. 즉, 남녀의 성기능, 성기관, 피임, 만족한 성교를 위한 지식, 성 관련 장애의 종류와 치료, 성 의사소통 등에 대한 내용이 성인기 성교육의 주요 내용이 된다. 단, 노년의 성인들을 대상으로 한 성교육에서는 '성행위 = 성교'라는 인식을 확장하여 다양한 성행위의 유지와 시도가 필요함을 강조하고, 특히 성기능 부전을 경험하고 있을 때 어떻게 성행위를 유지할 수 있는 지에 대한 교육이 필요하다.

성인기 성교육에서는 특히 성폭력을 예방하기 위한 교육이 필요하다. 본 장에서는 1부에서 다루었던 내용 외에, 강간 피해의 위험에 노출되었을 때 성인들이 어떻게 대처할지에 대한 내용과 성희롱·성추행을 의도하지 않게 범하지 않기 위한 방법을 다루어 보고자 한다. 이처럼 성인들이 자신의 성행위를 즐기고 성기능의 문제를 치료하며, 타인에게 성적으로 피해를 주지 않기 위한 교육이 성인기 성교육에 필요하다.

2. 강간 피해 시 대처요령

♀♂ 자신의 생명의 소중함에 대해 인식

강간에 대한 잘못된 통념 중, '죽을 만큼 반항하면 강간을 면할 수 있다.'는 잘못된 통념이 있다. 즉 강간 피해에 노출되었을 때 생명에 위협을 느낄 만큼 반항을 해야 함을 암묵적으로 강요하는 잘못된 통념이다. 이러한 잘못된 통념은 순결을 자신의 생명보다 소중하게 생각해야 한다는 남성 중심적인 생각에서 비롯된 것이다. 생명의 위협을 느낄 상황에서 그 어떤 것보다 자신의 생명이 소중하다는 인식을 할 필요가 있다.

♀♂ 흥분 단계의 특징 참고

성폭력 가해자들은 반항하는 피해자를 제압하고 위력을 가하는 데에서 성적인 각성이 되는 특징이 있다. 특히 남성이 주로 시각적인 자극으로 흥분 단계가 시작된다는 특징이 있는데, 이러한 양상을 참고하여 강간 피해에 노출되었을 때에 대처를 할 수 있다.

강간 피해를 당할 상황에서 생명의 위협을 느낄 상황이라면, 먼저 자신의 생명의 위험을 무릅쓰면서까지 반항하는 것을 고려할 필요가 있다. 오히려 반항을 하게 됨으로써 가해자의 성적인 각성이 촉발될 수 있다. 이러한 상황에서 가해자의 시각적 자극에 혐오 자극을 주는 것도 고려해 볼 수 있다. 즉, 입에 침을 흘리면서 거품을 무는 시늉을 하거나 발작을 일으키는 연기를 하여 혐오적인 시각적 자극을 주어 고조 단계로 가지 않게 하는 방법도 고려해 볼 수 있다. 할 수만 있다면 바지에, 혹은 강제로 옷이 벗겨진 상태 때 대소변을 보면서 혐오스런 시각적 자극을 줄 수 있다.

♀♂ 이완 단계의 특징 참고

성반응 4단계 중 이완 단계의 특징을 참고할 때, 고조 단계에서 절정 단계를 거칠 때에는 남성이 매우 흥분된 상태이지만, 일단 사정을 하고 나면 빠르게 안정을 되찾고 무반응기를 경험한다. 강간 가해자의 성기가 피해자 질에 삽입되기 전, 피해자가 가해자를 구슬리며 손, 발, 가슴 등과 같이 구강이나 질의 점막이 접촉하지 않은 상태에서 사정을 하게 할 수 있다. 즉, 가해자의 음경이 피해자의 구강이나 질에 삽입되지 않은 상태에서 어떻게든 사정이 되도록 시도를 해 본다. 가해자의 음경이 피해자의 구강과 질의 점막과 접촉하게 되면 성병, 에이즈 등의 질병감염의 위험이 높고, 특히 질에 삽입되었을 때에 임신의 위험이 뒤따르기 때문이다.

♀♂ 여성긴급전화 1366에 전화

강간 피해를 경험하게 되면 심각한 공포감과 그에 따른 심리적 외상이 경험되므로 아무런 조치를 취하지 못하고 몸이 굳어 버리게 된다. 어느 정도 안전한 상황이 된다면, 일단 여성긴급전화 1366으로 전화하여 도움을 청하거나 전화번호를 기억하지 못할 경우 112를 통해 도움을 요청할 수 있다.

♀♂ 병원 검진

강간 피해를 당했을 경우 자신의 몸이 더럽혀진 것에 대해 찝찝함을 느껴 씻고자 하는 욕구가 생긴다. 이 때 목욕을 하거나 옷을 갈아입지 말고 여성긴급전화 1366에 전화하여 조언한대로 조치하면서 가장 먼저 성폭력 피해 전담의료기관에 갈 필요가 있다. 이곳에서 성병, 에이즈 등의 검사를 받고, 이후에 임신검사도 정밀하게 받을 필요가 있다. 신고를 할 목적이 없더라도 이후에 심경의 변화가 생겨 신고를 하고 싶을 때를 대비하여 우선적으로 병원에 가기를 권한다. 병원에서 면담 때, 사건과 가해자에 대해 기억나는 것을 자세히 이야기하고 기록을 부탁한다.

♀♂ 신고·고소

자신의 피해를 노출하는 것에 대해 부담스럽겠지만 경찰에 신고를 한다. 이를 통해 추가적인 피해자의 발생을 막아야 하기 때문이다.

♀♂ 의학적 치료와 심리상담

강간 피해는 개인이 감당할 수 없는 큰 심리적 외상, 트라우마(trauma)을 경험하게 한다. 이러한 심리적 외상은 시간이 지난다고 해서 자연적으로 치료되거나 잊혀지거나 줄어들지 않는다. 꼭 병원에서의 의학적 치료와 더불어 심리상담 전문가를 만나 상담을 받도록 한다. 강간 피해자 집단 상담에 참여하거나 비슷한 경험을 가진 사람들의 단체에 가입하여 서로 위로를 주고받는다. 강간 피해자는 순결을 상실한 자가 아니라 범죄 피해자임을 분명히 인식하고, 심리적 상처도 육체적 상처와 마찬가지로 적극 치료해야 함을 인식한다.

3. 강간 피해에 대한 예방책

장순복 등(1999, pp.334-335)은 강간 피해에 노출되는 것을 예방하기 위해 다음을 소개하고 있다. 이를 직접 인용하면 다음과 같다.

- 강간을 당하는 사람이 따로 있는 것이 아니라는 사실을 명심한다. 강간 피해자는 아주 어린 소년이나 소녀로부터 80세 노인에 이르기까지 다양하다.
- 강간을 하는 사람이 따로 있는 것이 아니다. 많은 경우에 있어 강간은 아는 사람이 하며, 평소에 이상한 행동을 하지 않는 사람들로서 오히려 친절하고 예의 바른 경우가 많다.
- 외딴 골목길을 혼자 걸어가는 것을 피한다.
- 환승역이나 지하주차장 같은 곳을 갈 때는 친구나 혹은 다른 행인과 함께 다닌다.
- 집에 있을 때는 항상 문을 잠그고, 낯선 사람에게 문을 열어 주지 않는다.

- 자신의 주변에 무슨 일이 일어나는지 항상 주의를 기울인다. 인적이 드문 곳을 혼자 걸을 때는 음악을 듣거나 휴대전화기를 보며 걷지 않는다.
- 자신의 직관(느낌)을 믿는다. 느낌이 이상하다 싶으면 얼른 행동을 취한다. 성폭행 행동의 기미를 빨리 알아차리는 게 중요하다.
- 자신 있게 행동한다. 가해자들은 소극적이고 자신감 없는 여성을 노린다.
- 타인이 자신의 신체를 만졌을 경우, 좋은 느낌과 싫은 느낌을 분명히 지각한다. 상대방이 싫은 느낌을 주는 신체적 접촉을 해올 때 단호히 싫다고 말한다.
- 이성과 술을 마실 때, 분위기에 휩쓸려 자신의 통제를 잃지 않도록 주의한다. 이성의 의도적인 친절 행동에 대해 경계한다.
- 상대방이 강간을 하려는 기미가 있으면 상대방 눈을 똑바로 쳐다보면서 이성적인 화제를 꺼내 대화를 시도한다.
- 엉뚱한 질문을 하거나 상대방이 예상하지 못하는 행동을 하는 것이 도움이 될 수 있다.
- 위급상황일 경우는 돌, 집기나 가재도구를 들어서 창문을 깨뜨림으로써 외부에 알린다. 골목길일 경우 남의 집 창문을 깨뜨리면서 주의를 끈다.

4. 성희롱·성추행 가해자가 되지 않기 위한 예방책

자신의 의도와는 전혀 상관없이 대학교 내에서, 직장에서, 기타 사회적 관계에서 성희롱, 성추행 가해자가 될 수 있다. 그러한 이유는 성희롱이나 성추행이 가해자의 의도보다는 피해자의 주관적인 느낌과 제3자의 느낌이 중요하기 때문이다. 따라서 성희롱과 성추행이 어떤 행위인지 분명히 인식하고 자신의 의도와는 상관없이 성희롱·성추행 가해자가 되지 않기 위한 행위에 대한 예민성이 필요하다.

1) 성희롱의 예방

성희롱은 여성발전기본법 제3조제4호의 의하면, 국가기관 등의 종사자, 사용자,

근로자가 지위를 이용하거나 업무 등과 관련하여 성적 언동 등으로 상대방에게 성적 굴욕감이나 혐오감을 느끼게 하는 행위를 말한다. 또한 성적 언동이나 그 밖의 요구 등에 따르지 않았다는 이유로 고용상의 불이익을 주는 행위를 말한다. 또한 'Part 2 성폭력 상담'에서도 다루었듯이 국가인권위원회법 제2조의 라에 의하면, 성희롱을 "업무, 고용, 그 밖의 관계에서 공공기관의 종사자, 사용자 또는 근로자가 그 직위를 이용하여 또는 업무 등과 관련하여 성적 언동 등으로 성적 굴욕감 또는 혐오감을 느끼게 하거나 성적 언동 또는 그 밖의 요구 등에 따르지 아니한다는 이유로 고용상의 불이익을 주는 것"으로 정의하였다. 이러한 상황에서 성희롱은 일반적으로 '직장 내 성희롱'으로 불린다.

여성발전기본법 제3조(정의)

4. "성희롱"이란 업무, 고용, 그 밖의 관계에서 국가기관·지방자치단체 또는 대통령령으로 정하는 공공단체(이하 "국가기관 등"이라 한다)의 종사자, 사용자 또는 근로자가 다음 각 목의 어느 하나에 해당하는 행위를 하는 경우를 말한다.
   가. 지위를 이용하거나 업무 등과 관련하여 성적 언동 등으로 상대방에게 성적 굴욕감이나 혐오감을 느끼게 하는 행위
   나. 상대방이 성적 언동이나 그 밖의 요구 등에 따르지 아니하였다는 이유로 고용상의 불이익을 주는 행위

(출처: 여성발전기본법 제10789호 2011. 6. 7 타법개정)

이처럼 성희롱은 피해자가 성적 굴욕감과 혐오감을 느끼는 것이 판단 기준이 되므로, 가해자의 의도와 상관없이 피해자가 성적 굴욕감과 혐오감을 느꼈고, 일반인이 피해자 입장에 처했더라도 이러한 감정을 느끼는 상황이 된다면 성희롱으로 판단될 수 있다. 따라서, 업무상 관계를 맺고 있는 대상이 성적 굴욕감, 모욕감, 혐오감을 느끼지 않도록 이야기 주제를 선정할 때 주의할 필요가 있다. 즉, 개인의 성정체성·성기능·성교 능력·성기관 등에 대한 평가를 이야기의 주제로 삼지 않으려는 주의가 필요하다. 이러한 주제에 대해 이야기를 하면서 개인을 평가하는 경우, 상대방은 성적으로 수치심과 모욕감, 혐오감을 느낄 수 있는 가능성이 많기 때문이다.

또한 성희롱은 단순한 언어적 행위 외에도 업무상 관계하는 자에게 신체접촉을 하는 행위를 하거나 음란물과 같은 그림이나 글을 보여 주는 자극을 주는 행위를 하는 것도 성희롱에 해당된다. 또한 성적인 언어나 행동 등을 조건으로 고용상의 불이익을 주거나, 성적 굴욕감을 유발하여 고용상황을 악화시키는 것도 성희롱에 해당된다(김용화, 2012).

성희롱의 경우, 가해자가 되지 않기 위한 예방 교육도 필요하지만 무엇보다도 신고의 중요성에 대한 교육이 필요하다. 성희롱은 고용상, 업무상 위계에서 위에 있는 자가 위계가 낮은 자에게 가하는 경우가 많고, 위계가 낮은 자가 신고를 하거나 거부를 하기에 매우 어려운 상황이다. 따라서 성희롱은 지속적으로 자행되는 경우가 많고, 고용상 불이익을 당할까봐 저항하기 어려운 속성이 있다. 따라서 주위 동료가 이러한 상황을 보았을 때 신고를 하거나 조직 내에서 공동으로 대처를 하려고 하는 시도가 필요함을 교육할 필요가 있다.

2) 성추행의 예방

업무상으로 관계를 하는 사이에서 언어적, 육체적, 시각적인 행위를 하여 성적 수치심을 느끼게 하는 성희롱과는 달리, 성추행은 업무상으로 관계를 하지 않더라도 물리적으로 신체접촉을 가하여 상대방에게 성적 수치심을 불러일으키는 행위이다. 성추행도 성희롱과 마찬가지로 가해자의 의도와는 상관없이 피해자에게 신체접촉을 가하여 성적 수치심을 느끼게 하였다면 범죄로 성립되는 특징이 있다.

따라서 가족이 아닌 이성일 경우에는 나이와 상관없이 귀여움의 표현, 친근함의 표현, 칭찬의 표현을 할 때, 성적 수치심을 느낄 수 있는 신체를 접촉하지 않으려고 하는 예민함이 필요하다. 특히 목 아래, 어깨에서부터 가슴, 성기, 성기 밑에 샅(사타구니), 엉덩이, 항문에 이르기까지의 공간은 성추행의 삼각지대로서 특히 접촉을 하지 않도록 할 필요가 있고, 의도하지 않게 접촉하였을 경우에는 사과를

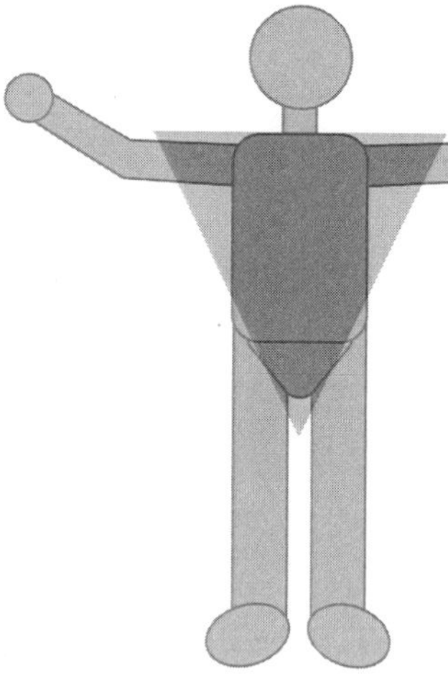

그림 19-1 성추행 가능성의 삼각지대

할 필요가 있다.

이처럼 성인들을 대상으로 하는 성교육에서는 자신의 신체적, 심리적 성 건강을 유지하고 자신과 타인 모두에게 행복감을 줄 수 있는 성행위 방법과 이와 관련한 정보에 대한 교육이 필요하다. 특히 성폭력 피해를 예방할 수 있도록 강간 피해에 대한 대처법이라든지 성희롱·성추행을 방지하고자 하는 교육이 필요하다. 성희롱의 경우, 고용상 관계에서 이루어지는 경우가 많으므로, 여성가족부에서는 공공기관에 대해서 연 1회 이상 직장에서 성희롱 예방 교육을 실시하고 성희롱 방지조치 결과를 매년 2월 말까지 여성가족부 장관에게 제출하도록 하고 있고, 그 밖에 민간사업장에서도 성희롱 예방교육을 의무적으로 시행하도록 하고 있다.

생각해 보기

1. 성인들에게 필요한 성지식을 어떻게 분류할 수 있는가?
2. 강간 피해의 위험에 노출되었을 때에 어떤 행동을 할 수 있는가?
3. 의도하지 않은 성희롱과 성추행 가해를 예방하기 위해 어떤 행동을 할 수 있는가?

참고문헌

박영숙, 장순복, 이은희, 신혜숙(1999). **현대여성의 건강생활**. 서울: 현문사.

김용화(2012). 성희롱 판단 기준에 대한 소고. **법학연구**, 20(1), 23-44.

PART 3 성교육을 마치며

■ **성교육은 성에 대한 단순한 지식을 전달하는 것 이상으로 전인교육의 목적으로 실시되어야 합니다.**

성교육은 자기(self)에 대한 존중과 타인에 대한 존중을 하도록 돕는 과정입니다. 성교육을 통해 자기를 사랑할 수 있도록 해야 하고 타인에 대한 공감능력이 향상되어 존중할 수 있도록 해야 합니다. 이를 위해 부모의 양육태도의 변화를 위한 교육과 성 관련 지식에 대한 교육, 성폭력 피해를 예방하고 대처하는 교육이 포함될 필요가 있습니다.

■ **성교육은 대상자의 발달단계에 따라 다른 교육이 실시되어야 합니다.**

개인의 발달단계에 따라 특정화된 교육이 필요합니다. 아동기 때에는 자기에 대한 긍정적 인식과 타인에 대한 공감을 위한 교육, 청소년기 때에는 성행위의 인식에 대한 교육과 성행위 지연을 위한 교육, 성인기 때에는 성기능과 성기관, 성치료, 성의사소통에 대한 교육이 필요합니다. 특히 각 발달단계에 따라 다른 성폭력 피해 방지와 대처를 위한 교육이 연습되고 훈련될 필요가 있습니다.

■ **가족구성원간 성과 관련한 대화를 통해 가족간의 대화 수준이 깊어지고 친밀감이 형성될 수 있습니다.**

성에 대한 대화를 통해 가족 간에 더 깊은 대화가 이루어질 수 있습니다. 상대방의 상태와 욕구, 요구를 알 수 있습니다. 성에 대한 대화를 하며 가족간의 친밀감이 제고될 수 있고 관계가 회복될 수 있습니다.

2012년 성폭력피해자 전담의료기관 현황

(여성가족부 홈페이지 2012. 3. 30. 게시 자료)

〈성폭력피해자 전담의료기관 현황: 전국 324개소(2010.9.8. 현재)〉

■ 서울시(50개소)

	지자체명	의료기관명	주 소	전화번호
1	강동구	김현식산부인과	강동구 천호동 456	02-488-4011
2	중구	조아산부인과	중구 신당동 370-56	02-2233-6992
3		국립의료원	중구 을지로 6가 18-79	02-2260-7114
4	종로구	서울대학교병원	종로구 연건동 28	02-2072-2200
5	용산구	순천향대학교병원	용산구 한남동 657	02-709-9114
6	광진구	건국대학교병원	광진구 화양동 4-12	02-2030-7124
7	동대문구	카톨릭대학교성바오로병원	동대문구 전농동 620-56	02-958-2114
8		시립동부병원	동대문구 용두동 118-20	02-920-9340
9		동대문구보건소	동대문구 용두동 39-9	02-2127-5365
10		삼육서울병원	동대문구 휘경동 29-1	02-2210-3633
11	성북구	열린산부인과	성북구 정릉1동 14-25	02-929-6817
12		고려대안암병원	성북구 안암5동 126-1	02-920-5695
13	성동구	성동구보건소	성동구 홍익동 16-1	02-2286-7118
14		조은산부인과	성동구 금호동 1가 1558	02-2282-3088
15		동인병원	성동구 하왕십리동 46-10	02-2293-1121
16		한양대학교병원	성동구 행당동 17	02-2290-8114
17	노원구	인제대학교상계백병원	노원구 동1로 620	02-950-1402
18		을지병원	노원구 하계1동 280-1	02-970-8566
19	은평구	인정병원	은평구 응암동 604-60	02-309-0909
20		은혜산부인과	은평구 대조동 38-19	02-353-4307
21		은산부인과	은평구 구산동 1-1 영진빌딩 4층	02-359-7175
22		청구성심병원	은평구 갈현동 395-1	02-385-5511

	지자체명	의료기관명	주 소	전화번호
23	마포구	이유명호한의원	마포구 도화동 36 고려 아카데미텔	02-719-4231
24		동교신경정신과	마포구 동교동 185-1	02-333-3572
25	구로구	구로성심병원	구로구 고척1동 76-189	02-2067-1500
26		고려대구로병원	구로구 구로2동 80	02-2626-2014
27	영등포구	이상태산부인과	영등포구 신길동 681	02-842-0199
28		김종률내과	영등포구 신길6동 4672	02-831-1585
29		신학재외과	영등포구 신길동 162-10	02-848-4654
30		대명치과의원	영등포구 신길동 69-28	02-841-1572
31	동작구	중앙대학교병원	동작구 흑석1동 224-1	02-6299-1114
32		보라매병원	동작구 신대방2동 425	02-840-2279
33		동작구보건소	동작구 상도2동 176-3	02-820-9467
34		박언규신경정신과	동작구 사당동 145-2	02-532-1283
35		청화병원	동작구 노량진2동 311-8	02-815-3788
36		김석호내과의원	동작구 상도3동 328-5	02-826-2777
37	관악구	사는기쁨신경정신과	관악구 봉천8동 92-20	02-888-0675
38		강남고려병원	관악구 봉천6동 36-83	02-874-8001
39		양지병원	관악구 신림본동 10-715	02-887-6001
40	서초구	카톨릭의대성모병원	서초구 반포동 505	02-590-2381
41	강남구	서울의료원	강남구 삼성동 171-1	02-3403-0211
42	송파구	경찰병원	송파구 가락본동 58	02-3400-1114
43	금천구	조윤희산부인과	금천구 시흥1동 889-13 2층	02-802-8892
44		희명병원	금천구 시흥1동 882-31	02-804-0002
45	양천구	이대의과대학부속 목동병원	양천구 목5동 911-1	02-2650-2611
46	서대문구	연세대학교세브란스병원	서대문구 신촌동 134	02-2228-5045
47		동신종합병원	서대문구 연희동 141	02-396-9161
48	강북구	아가엄마산부인과	강북구 수유동 190-8	02-999-8275
49	도봉구	한일병원	도봉구 쌍문3동 388-1	02-901-3252
50	중랑구	장스여성병원	중랑구 망우동 488-8	02-490-4013

■ 경기도(47개소)

	지자체명	의료기관명	주 소	전화번호
1	수원시	경기도립의료원	수원시 장안구 정자동 886-11	031-888-0680
2		수원병원아주대학교병원	수원시 영통구 원천동 산5	031-219-6011
3	성남시	포천중문의과대학차병원	성남시 분당구 야탑동 351	031-780-5000
4	부천시	고광덕산부인과	부천시 원미구 원미동 111-3	031-665-0070
5		순천향대학교 병원	부천시 원미구 중1동 1174	031-621-5114
6		부천대성병원	부천시 원미구 심곡1동 110-6	031-652-0141
7	안양시	샘여성병원	안양시 만안구 안양8동 559-7	031-449-6114
8		한림대학교성심병원	안양시 동안구 평촌동 896	031-380-4111
9	안산시	이지은산부인과	단원구 선부동 1070-11 동양빌딩 3층	031-401-7777
10		BM산부인과	상록구 이동 고잔 상업지구 76-4	031-501-0660
11		한도병원	안산시 단원구 선부동 1071-1	031-8040-1152
12	용인시	용인세브란스	용인시 역북동 405	031-331-8888
13	평택시	박애병원	평택시 평택동 41-2	031-652-2121
14		굿모닝병원	평택시 합정동 883	031-659-7700
15	광명시	광명성애병원	광명시 철산3동 398	031-2680-7132
16		광명제일산부인과	광명시 광명4동 158-776	031-2616-1133
17	시흥시	중앙산부인과	시흥시 대야동 455-8	031-313-3333
18	군포시	원광대학교 산본병원	군포시 산본동 1142	031-390-2345
19		산본제일병원	군포시 산본동 1097-1	031-396-3301
20	화성시	동수원남양병원	화성시 남양동 1417-2	031-356-2828
21		미즈파크산부인과의원	화성시 능동 1114-4	031-8003-7575
22	이천시	이천의료원	이천시 관고동 215	031-639-4805
23		양정분산부인과	이천시 중리동 224-3	031-635-5300
24		김포우리병원	김포시 걸포동 389-15	031-999-1000
25	안성시	경기도립 안성병원	안성시 당왕동 455	031-674-7520
26	하남시	제일산부인과	하남시 덕풍2동 321-2 신정프라자	031-795-2561
27	오산시	수경의료재단서울병원	오산시 오산동 867-4	031-375-0081
28	여주군	여주고려병원	여주군 여주읍 하리 55-3	031-885-3009

	지자체명	의료기관명	주 소	전화번호
29	고양시	일산병원	고양시 일산 동구 백석동 1232	031-900-0114
30		그레이스병원	고양시 일산 동구 백석동 1334	031-907-1717
31		동원산부인과	고양시 일산 동구 일산동 1204-1	031-921-1515
32		명지병원	고양시 덕양구 화정동 697-24	031-810-5114
33		일산백병원	고양시 일산 서구 대화동 2240	031-910-7114
34	의정부시	경기도립의료원의정부병원	안성시 당왕동 455	031-674-7520
35		가톨릭대학교의정부 성모병원	안성시 석정동 30-1	031-674-7744
36	파주시	미래여성병원	파주시 금촌동 953-5	031-940-1726
37		경기도립의료원파주병원	파주시 금촌동 798	031-941-5811
38	구리시	구리시보건소	구리시 인창동 674-3	031-550-2252
39		운양의료재단구리장스여성의원	구리시 수택동 853	031-550-3105
40	포천시	경기도립의료원포천병원	포천시 신읍동 243-4	031-539-9114
41	동두천시	해성산부인과	동두천시 생연동 648-5	031-868-0868
42	가평군	가평군보건소	가평군 가평읍 읍내리 624-1	031-580-2819
43	연천군	연천군보건의료원	연천군 전곡읍 은대리 577-36	031-839-2556
44	남양주시	한나산부인과	남양주시 호평동 640-2	031-592-5100
45		소예신경정신과	남양주시 평내동 204-1	031-594-7912
46	양평군	김란산부인과	양평군 양평읍 양근리 291	031-772-2136
47	양주시	모아산부인과	양주시 덕정동 208-1	031-859-3535

■ 인천시(11개소)

	지자체명	의료기관명	주 소	전화번호
1	서구	그린산부인과	서구 석남동 577-65	032-574-3535
2	동구	인천의료원	동구 송림4동 318-1	032-580-6000
3	남구	황원준신경정신과	남구 주안1동 79-8	032-435-7766
4		고은산부인과	남구 숭의4동 201-1	032-883-3535
5	남동구	가천의과대학교길병원	남동구 구월동 1198	032-460-3114
6		인구보건복지협회 가족보건의원	남동구 간석3동 34-4	032-431-4000
7	강화군	서울이산부인과	강화군 강화읍 남산리 38-1	032-933-2360

	지자체명	의료기관명	주 소	전화번호
8	부평구	카톨릭대학교인천성모병원	부평구 부평6동 665	032-510-5500
9	계양구	의료법인 인성의료재단 한림병원	계양구 작전동 900-3,4	032-540-9025
10	연수구	대한적십자사 인천병원	연수구 연수3동 580-3	032-280-2114
11	옹진군	인천광역시의료원백령병원	옹진군 백령면 진촌리 807-1	032-836-0852

■ 부산시(21개소)

	지자체명	의료기관명	주 소	전화번호
1	서구	부산대학교병원	서구 아미동 1가 10-1	051-240-7493
2		고신대학교복음병원	서구 암남동 34	051-990-6012
3		동아대학교 병원	서구 동대신동 3가 1	051-240-2211
4	동구	일신기독병원	동구 좌천1동 471	051-630-0300
5	부산진구	부산진구보건소	부산진구 범천1동 849-10	051-605-6011
6		미래산부인과	부산진구 개금동 177-24	051-896-1999
7		김상엽정신과의원	부산진구 부전1동 485-9	051-668-8680
8	동래구	한마음신경정신과	동래구 온천3동 1442-8	051-504-3131
9		본메디케어여성병원	동래구 안락2동 595-9	051-525-0800
10	해운대구	혜원산부인과	해운대구 반송2동 281-4	051-545-1216
11		해운대산부인과	해운대구 중동 1394-27	051-746-0052
12	북구	미래로병원	북구 덕천동 349-3	051-330-5000
13	금정구	새동래병원	금정구 장전3동 651-12	051-517-8311
14		김경미산부인과	금정구 부곡3동 223-4	051-514-1772
15	강서구	강서구보건소	강서구 대저2동 2009-1	051-970-4500
16	연제구	부산의료원	연제구 거제2동 1330	051-507-3000
17	수영구	이현숙신경정신과	수영구 광안2동 143-6	051-752-0075
18		대한보건복지협회가족보건의원	수영구 남천1동 69-3	051-624-5581
19	사상구	좋은 삼선병원	사상구 주례동 193-5	051-322-0900
20	사하구	뉴본여성의원	사하구 괴정1동 935-21	051-910-7116
21	수영구	아이드림 산부인과의원	수영구 망미동 431-5	051-910-7116

■ 대구시(9개소)

	지자체명	의료기관명	주 소	전화번호
1	북구	신세계병원	북구 산격3동 1287-4	053-964-7771
2	동구	대구파티마병원	동구 신암동 576-31	053-940-7114
3		현대산부인과	동구 신암동 342-12	053-955-5400
4	동구	인구보건복지협회 대구경북지회가족보건의원	서구 평리4동 1368-1	053-566-1901
5		서구	서구 중리동 1162	053-560-7575
6	중구	경북대학교병원	중구 삼덕 2가 50	053-422-1141
7	달서구	가야기독병원	달서구 송현동 183-12	053-620-9500
8	남구	영남대학교병원	남구 대명동 317-1	053-620-4440
9	달성군	달성군보건소	달성군 현풍면 현풍시장길 11	053-668-3101

■ 광주시(6개소)

	지자체명	의료기관명	주 소	전화번호
1	동구	전남대학교병원	동구 학동 8	062-220-5114
2		조선대학교병원	동구 서석동 588	062-220-3114
3	서구	미즈피아산부인과병원	서구 치평동 1258-3	062-380-2000
4		광주기독병원	남구 양림동 264	062-650-5000
5	북구	에덴병원	북구 두암동 822-12	062-260-3000
6	광산구	운남산부인과	광산구 운남동 489-28	062-959-7600

■ 대전시(5개소)

	지자체명	의료기관명	주 소	전화번호
1	동구	가양산부인과	동구 가양2동 416-7	042-632-7766
2	서구	미래여성병원	서구 둔산동 1127	042-471-7100
3	중구	충남대학교병원	중구 대사동 640	042-280-7114
4	유성구	유성구보건소	유성구 장대동 282-15	042-825-3211
5	대덕구	연세산부인과	대덕구 오정동 432-4	042-633-8855

■ 울산시(2개소)

	지자체명	의료기관명	주 소	전화번호
1	중구	동강병원	중구 태화동 123-3	052-241-1114
2	동구	울산대학교병원	동구 전하동 290-3	052-250-7946

■ 강원도(37개소)

	지자체명	의료기관명	주 소	전화번호
1	춘천시	한림대학부속춘천성심병원	춘천시 교동 153	033-252-9970
2		강원대학교병원	춘천시 강원대학로 26	033-258-6348
3	원주시	이신경정신과	원주시 중앙동 60-54	033-744-1142
4		본비뇨기과	원주시 일산동 52-12	033-746-5667
5		미래산부인과	원주시 명륜동 243-3	033-766-8008
6		원주기독병원	원주시 일산동 162	033-741-0114
7		원주의료원	원주시 개운동 437	033-760-4500
8	강릉시	강릉아산병원	강릉시 사천면 방동리 415	033-610-3793
9		강릉동인병원	강릉시 포남동 1065-2	033-651-6161
10		강릉의료원	강릉시 남문동 164	033-610-1431
11		아나병원	강릉시 옥천동 326	033-642-1164
12	동해시	동해동인병원	동해시 평릉동 134	033-532-3006
13	태백시	태백중앙병원	태백시 장성동 195	033-580-3333
14		신태백산부인과	태백시 황지동 2/3	033-553-6901
15	속초시	속초의료원	속초시 영랑동 591-10	033-632-6821
16		고려산부인과	속초시 교동 670-15	033-635-3535
17		속초병원	속초시 교동 977-25, 26	033-639-3000
18		중앙산부인과	속초시 조양동 1503-9	033-637-7000
19	삼척시	삼척의료원	삼척시 남양동 55-9	033-572-1141
20		삼척병원	삼척시 정상동 385	033-574-7694
21		삼척시보건소	삼척시 남양동 6-1	033-574-7905
22	홍천군	아름다운 병원	홍천군 희망리 376-33	033-430-9901
23		연세신경정신과	홍천군 홍천읍 희망리 329-5	033-435-1775

	지자체명	의료기관명	주 소	전화번호
24	횡성군	횡성대성병원	횡성군 횡성읍 입석리 153-10	033-343-0901
25		횡성군보건소	횡성군 횡성읍 읍상리 17-3	033-340-2550
26	영월군	영월군보건소	영월군 영월읍 하송리 246	033-370-2552
27		영월의료원	영월군 영월읍 영흥리 1072	033-370-9151
28	평창군	평창군보건의료원	평창군 평창읍 종부리 504	033-330-1130
29	정선군	정선군보건소	정선군 정선읍 애산리 432-202	033-560-2557
30	철원군	철원길병원	철원군 갈말읍 군탄리 339	033-452-0862
31	화천군	화천군보건의료원	화천군 화천읍 상리 2/3	033-440-2550
32	양구군	양구군보건소	양구군 양구읍 상리 315-1	033-480-2550
33		양구성심병원	양구군 양구읍 상리 256-9	033-482-3001
34		인애병원	양구군 양구읍 정림리 188-3	033-481-2128
35	인제군	인제군보건소	인제군 인제읍 상동리349-7	033-461-2425
36	고성군	고성군보건소	고성군 간성읍 신안1리	033-680-3541
37	양양군	양양군보건소	양양군 양양읍 연창리 203-5	033-670-2559

■ 충북(7개소)

	지자체명	의료기관명	주 소	전화번호
1	청주시	청주의료원	청주시 흥덕구 사직1동 54-6	043-279-2300
2		인구보건복지협회 충북지회 가족보건의원	청주시 흥덕구 복대동 169-2	043-274-7476
3	충주시	건국대학교의료원충주병원	충주시 교현동 620-5	043-845-2501
4		충주의료원	충주시 문화동 1655	043-841-0114
5	제천시	제천서울병원	제천시 서부동 1-4	043-643-2327
6		인신경정신과	제천시 의림동 31-1	043-645-7455
7	진천군	미래산부인과	진천군 진천읍 읍내리 650	043-533-1223

■ 충남(26개소)

	지자체명	의료기관명	주 소	전화번호
1	천안시	단국대학교부속병원	천안시 안서동 16-5	041-550-7114
2		천안의료원	천안시 봉명동 39-1	041-570-7290
3		이화여성병원	천안시 쌍용동 494-41	041-579-1400
4		혜민신경정신과	천안시 원성2동 546-18	041-552-8017
5	공주시	공주의료원	공주시 중동 330	041-850-5273
6	보령시	윤산부인과	보령시 대천동 438-10	041-935-6232
7		보령아산병원	보령시 죽정동 1	041-930-5114
8	아산시	청아산부인과	아산시 온천동 98-7	041-543-2101
9	서산시	서산의료원	서산시 석림동 568-5	041-661-6136
10	논산시	백제종합병원	논산시 취암동 21-14	041-733-2191
11	계룡시	김광석외과	계룡시 두마면 엄사리 172-3	041-841-4411
12	금산군	조산부인과	금산군 금산읍 중도리 224-6	041-754-2267
13		금산을지병원	금산군 금산읍 상리 232-3	041-752-8883
14	연기군	안산부인과	연기군 조치원읍 정리 87-19	041-864-7799
15		성가신경정신병원	연기군 조치원읍 원리 12-12	041-867-5357
16	부여군	건양대학교부속 부여병원	부여군 부여읍 동남리 597-8	041-837-1200
17		정승우산부인과	부여군 부여읍 구아리 310	041-833-2947
18	서천군	해성의원	서천군 서천읍 군사리 587	041-952-0079
19		미래산부인과	서천군 서천읍 군사리 517-1	041-951-8900
20	청양군	신충수외과	청양군 청양읍 읍내리 209-25	041-943-6200
21		청양보건의료원	청양군 청양읍 읍내리 265	041-942-3401
22	홍성군	홍성의료원	홍성군 홍성읍 공암리 572-3	041-630-6114
23	예산군	예산명지병원	예산군 예산읍 관작리 333-7	041-671-2211
24	태안군	태안군보건의료원	태안군 태안읍 평천리 698-6	041-671-2211
25	당진군	백병원	당진군 당진읍 채운리 267-1	041-356-7114
26		유명산부인과	당진군 당진읍 읍내리 310-60	041-356-5560

■ 전북(20개소)

	지자체명	의료기관명	주 소	전화번호
1	전주시	한나여성병원	전주시 덕진동 1가 1275-10	063-250-3500
2		다솜신경정신과	전주시 서신동 970-4	063-272-7582
3		김임신경정신과	전주시 서노송동 636-2	063-272-7676
4		전북대학교병원	전주시 덕진구 금암동 634-18	063-278-0117
5	군산시	군산의료원	군산시 지곡동 29-1	063-472-5472
6		미래와여성산부인과	군산시 수송동 7-1-6	063-441-1100
7		메디퀸산부인과	군산시 문화동 536-5	063-468-2993
8		개정신경정신과	군산시 사정동 25-9	063-451-8400
9	익산시	제일산부인과	익산시 남중동 536-9	063-855-0887
10	정읍시	정읍아산병원	정읍시 용계동 350	063-530-6644
11	남원시	남원의료원	남원시 고죽동 200	063-620-1114
12	김제시	김제시보건소	김제시 요촌동 423-2	063-540-1300
13	완주군	고려병원	완주군 삼례읍 삼례리 924-12	063-290-0114
14	진안군	진안군보건소	진안군 진안읍 군상리 90-15	063-430-8500
15	무주군	무주군보건의료원	무주군 무주읍 당산리 701	063-322-2201
16	장수군	장수군보건의료원	장수군 장수읍 장수리 425	063-351-8000
17	임실군	임실군보건의료원	임실군 임실읍 이도리 270-8	063-640-3102
18	순창군	순창군보건의료원	순창군 순창읍 가남리 541	063-650-1550
19	고창군	고창종합병원	고창군 고창읍 읍내리 663	063-560-5600
20	부안군	부안성모병원	부안군 부안읍 봉덕리 583	063-581-5100

■ 전남(27개소)

	지자체명	의료기관명	주 소	전화번호
1	목포시	한국병원	목포시 상동 149-2	061-270-5500
2		목포의료원	목포시 용해동 133-1	061-260-6450
3		목포미즈아이병원	목포시 옥암동 977-2	061-260-8050
4		그린산부인과	목포시 호남동 430	061-245-3002
5		중앙병원	목포시 석현동 754-14	061-280-3000

	지자체명	의료기관명	주 소	전화번호
6	여수시	여수전남병원	여수시 광무동 120-1	061-640-7114
7		여수여천전남병원	여수시 선원동 1311-3	061-690-6000
8	순천시	순천시현대병원	순천시 조례동 1596-1	061-720-1111
9		순천의료원	순천시 매곡동 130-23	061-759-9110
10	나주시	우리산부인과	나주시 중앙동 9-10	061-337-0007
11		나주종합병원	나주시 성북동 100-7	061-330-6114
12	영광군	영광기독병원	영광읍 남천리 212	061-350-3000
13	무안군	무안종합병원	무안읍 성동리 165	061-453-7587
14	강진군	강진의료원	강진읍 서성리 305-23	061-430-1001
15	장성군	장성혜원병원	장성읍 기산리 99-1	061-399-3000
16	담양군	담양여성의원	담양읍 천변리 178-3	061-383-1175
17	곡성군	곡성보건의료원	곡성군 곡성읍 학경리 663	061-362-4000
18	구례군	구례보건의료원	구례군 구례읍 백련리 576	061-780-2032
19	함평군	함평성심병원	함평군 함평읍 내교리 168	061-324-0001
20	화순군	차메디컬의원	화순군 화순읍 만연리 140-8	061-371-2001
21	고흥군	고흥종합병원	고흥군 고흥읍 남계리 186	061-832-1911
22	보성군	보성아산병원	보성군 미력면 반룡리 768	061-850-3401
23	장흥군	장흥종합병원	장흥군 장흥읍 건산리 383-5	061-862-8300
24	해남군	해남종합병원	해남군 해남읍 해리 182-1	061-530-0114
25	완도군	완도대성병원	완도군 완도읍 가용리 56	061-554-1234
26	광양시	미래여성의원	광양시 중동 1634-5	061-791-7070
27	영암군	영암제일병원	무안군 삼호읍 용당리 1865-5	061-460-9000

■ 경북(22개소)

	지자체명	의료기관명	주 소	전화번호
1	포항시	김남주산부인과	포항시 북구 죽도2동 48-30	054-273-6920
2		포항여성병원	포항시 북구 죽도동 640-5	054-274-7775
3	경주시	동국대학교경주병원	경주시 석장동 1090-1	054-770-8137
4		맘존여성병원	경주시 성동동 143-7	054-743-6688

	지자체명	의료기관명	주 소	전화번호
5	김천시	이상식산부인과	김천시 모암동 161-3	054-433-3307
6		김천의료원	김천시 모암동 85	054-432-8901
7	안동시	안동의료원	안동시 북문동 470	054-858-8951
8	구미시	임영미산부인과	구미시 송정동 463	054-455-3003
9		진혁희 맑은마음의원	구미시 형곡동 144-1	054-451-7582
10		구미차병원	구미시 형곡동 855	054-450-9634
11		순천향구미병원	구미시 공단동 255	054-463-7151
12		세명산부인과	구미시 원평동 1052-1	054-454-5050
13	영천시	영천시보건소	영천시 문내동 152-1	054-330-6712
14	상주시	상주적십자병원	상주시 남성동 334-27	054-534-3501
15		상주성모병원	상주시 냉림동 350-5	054-532-5001
16	경산시	김성연산부인과	문경시 점촌동 245-30	054-552-3344
17		문경제일병원	문경시 모전동 188	054-550-7700
18	경산시	경산시보건소	경산시 남매로 216	054-810-6475
19	칠곡군	혜원성모병원	칠곡군 약목면 관호리 910-2	054-979-7114
20	울진군	울진군의료원	울진군 울진읍 연지리 818	054-785-7015
21	의성군	의성군보건소	의성군 의성읍 도서리 104-1	054-830-6471
22	봉화군	봉화군보건소	봉화군 봉화읍 내성2리 285	054-673-4000

■ 경남(29개소)

	지자체명	의료기관명	주 소	전화번호
1	창원시	창원파티마	창원시 명서동 504-4	055-270-1109
2		한마음병원	창원시 상남동 43-3	055-268-7756
3	마산시	동마산병원	마산시 석전2동 231-6	055-290-5000
4		마산의료원	마산시 중앙동 3-3	055-249-1000
5		미래산부인과	마산시 월남동 4가 4-1	055-221-3777
6	진주시	진주의료원 경상대학교병원	진주시 중안리 4 진주시 칠암동 90	055-740-8300 055-750-8000
7		미래여성병원	진주시 강남동 146	055-760-8005

	지자체명	의료기관명	주 소	전화번호
8	진해시	진해시보건소	진해시 풍호동 30	055-548-2402
9		예인여성병원	진해시 자은동 813-2	055-551-1020
10	김해시	프라임여성병원	김해시 내동 1174-4 해별빌딩 2층	055-328-0059
11		환명의료재단조은금강병원	김해시 삼계동 392-1	055-540-1000
12	통영시	통영시보건소	통영시 무전동 401-1	055-656-4111
13		e좋은병원	통영시 북신동 1-6	055-643-9119
14	사천시	늘푸른모자원	사천시 벌리동 480-1	055-833-2777
15	밀양시	제일병원	밀양시 내이동 701-6	055-352-7851
16	거제시	거제백병원	거제시 신현읍 상동리 943-5	055-635-2187
17		대우병원	거제시 모동 363	055-680-8114
18	양산시	하나병원	양산시 북부동 462-60	055-370-0600
19	의령군	복음의원	의령군 의령읍 중동리 41-5	055-573-9977
20	함안군	함안군보건소	함안군 가야읍 말산리 100	055-583-4000
21	창녕군	창녕서울병원	창녕군 창녕읍 탐하리 23-1	055-532-1975
22	남해군	남해군보건소	남해군 남해읍 북변리 458-2	055-860-3557
23	하동군	하동삼성병원	하동군 하동읍 두곡리 739	055-880-4220
24		하동군보건소	하동군 하동읍 읍내리 1198-1	055-880-2641
25	산청군	산청군보건의료원	산청군 산청읍 지리 179-7	055-973-2289
26	함양군	한마음정형외과	함양군 함양읍 용평리 625-1	055-964-2301
27	거창군	거창적십자병원	거창군 거창읍 상림리 74-1	055-944-3251
28	합천군	파티마의원	합천군 합천읍 합천리 413-2	055-933-2680
29	고성군	고성군보건소	고성군 고성읍 대독리 4	055-670-2701

■ 제주(5개소)

	지자체명	의료기관명	주 소	전화번호
1	제주시	예나산부인과	제주시 용담2동 2757-1	064-748-0088
2		한라병원	제주시 연동 1963-2	064-740-5215
3		제주대학교병원	제주시 삼도2동 154	064-750-1234
4		제주의료원	제주시 아라1동 4-17	064-724-2101
5	서귀포시	서귀포의료원	서귀포시 동홍동 1530	064-730-3111

부록 2

전국 해바라기 아동센터 및 원스톱 지원센터 주소, 연락처

(여성가족부 홈페이지 2010. 11. 16. 게시 자료)

■ 해바라기 아동센터(9개소)

시도	센터명	주소	위탁운영기관	전화번호
서울	서울	서울 마포구 신수동 63-14 구프라자 7층	연세대 병원	02-3274-1375
대구	대구 경북	대구 중구 삼덕동 2가 270-1 소석문화센터 10층	경북대 병원	053-421-1375
광주	광주	광주 동구 남동 112-1 웰크리닉 4층	전남대 병원	062-232-1375
경기	경기	경기 성남시 분당구 야탑동 532-3	분당 차병원	031-708-1375
전북	전북	전북 전주시 덕진구 인후동 2가 1573-1 사학연금관리공단 2층	전북대 병원	063-246-1375
인천	인천	인천 남동구 구월동 1144-15 한성빌딩 2층	길병원	032-423-1375
강원	강원	강원도 춘천시 효자3동 18-60 동광빌딩 2층	강원대 병원	033-252-1375
충청	충청	충북 충주시 교현2동 616-2 보성빌딩 4층	건국대 충주병원	043-857-1375
경남	경남	경남 진주시 칠암동 90 경상대학교병원	경상대 병원	055-754-1375

■ 해바라기 여성·아동센터 운영현황(4개소)

시도	센터명	주소	위탁운영기관	전화번호
서울	서울	서울 종로구 연건동 28 서울대학교병원 함춘회관 지하 1층	서울대 병원	02-3672-0365
부산	부산	부산시 서구 동대신동 3가 1 동아대학교병원	동아대 병원	051-240-2000
강원	강원 영동	강원도 강릉시 견남로 76	강릉동인병원	033-652-9840
전남	전남	전라남도 목포시 석현동 815-8	목포중앙병원	061-285-1172

■ 원스톱 지원센터(17개소)

시도	센터명	소재지	위탁운영기관	전화번호
서울	서울센터	서울 송파구 가락본동 58	경찰병원	02-3400-1117
	보라매센터	서울 동작구 신대방동 보라매길 39	보라매병원	02-870-1117
인천	인천센터	인천 동구 송림4동 318-1	인천의료원	032-582-1170
울산	울산센터	울산 중구 태화동 123-3	동강병원	052-246-3117
강원	강원센터	강원 춘천시 효자3동 17-1	강원대병원	033-243-8117
충북	충북센터	청주시 흥덕구 사직1동 554-6	청주의료원	043-272-7117
전북	전북센터	전주시 덕진구 금암동 634-18	전북대병원	063-278-0117
경북	경북센터	경북 안동시 북문동 470	안동의료원	054-843-1117
대구	대구센터	대구시 서구 중리동 1162	대구의료원	053-556-8117
광주	광주센터	광주시 동구 서석동 588	조선대병원	062-225-3117
대전	대전센터	대전시 중구 대사동 640	충남대병원	042-280-8436
경기	경기센터	수원시 영통구 원천동 산 5	아주대병원	031-216-1117
	경기북부센터	의정부시 의정부2동 433	의정부의료원	031-874-3117
경남	경남센터	마산시 중앙동 3가 3	마산의료원	055-245-8117
제주	제주센터	제주시 연동 1963-2	한라병원	064-749-5117
충남	충남센터	천안시 동남구 안서동 산 16-5	단국대병원	041-567-7117
전남	전남센터	전남 순천시 조례동 1742	성가롤로병원	061-727-0117

INDEX
찾아보기

ㄱ

감각초점훈련 93

강간 129

강간미수 129

계획된 임신 56

고조 29, 33

공감 능력 162

공생 13

ㄷ

대상관계 이론 13

ㄹ

라포(rapport) 112

ㅁ

매독 69

ㅂ

발기 78

부부강간 122

분리-개별화 13

ㅅ

사랑의 3요소 6

사례개념화 114

사면발니 68

상담구조화 112

생명의 소중함 200

성 5

성감대 48

성교 5

성기관 42, 44

성기능 부전 90

성기 사마귀 71

성기 크기 41

성만족 18

성반응 4단계 29

성병 68

성상담 3

성 의사소통 99

성정체감 4
성지식 17
성추행 130
성폭력범죄 126
성폭력에 대한 잘못된 통념 132
성폭력 피해의 영향 143
성폭력 피해 전담의료기관 170
성행위 6
성행위 단절 118
성행위의 인식 193
성희롱 131
수행불안 79, 90
순결 194

ㅇ

아동기 성교육 179
약물법 57
에이즈 72
역기능적인 가족 상호작용 163
역할놀이 179
영구 피임법 58
오르가 29
오르가슴 34
'왜?'의 질문 173
외도 121
외상 후 스트레스 장애(PTSD) 144
응급 상황 169
이완 29, 35
이혼 과정 119
임신 방어법 56
임질 70

ㅈ

자기 몸에 대한 인식 180
자기에 대한 긍정적 인식 180
자위행위 194
정서적 이혼 117
주기법 56

ㅊ

처녀막 40, 42
청소년기 성교육 191

체위 81
초기 면접 169

ㅋ

케겔 운동 93
클라미디아 71

ㅍ

피임 55, 193

ㅎ

합리적인 이기심 106
헤르페스 71
훈련 179
흥분 29, 31

기타

consultant 149
containing 14
DSFI 18
holding 14
psychological counselor 144
SDT 68
secure base 14

저자 소개

김요완

연세대학교 문학사(독어독문학 전공, 교육학 부전공)
연세대학교 교육학 석사(상담심리 전공)
연세대학교 교육학 박사(상담심리 전공)

현재 서울사이버대학교 가족상담학과 교수
(사) 한국상담심리학회 1급 상담전문가

경력
전 서울가정법원 조사관(이혼, 가정폭력, 청소년범죄 상담 및 조사 업무담당)
전 연세대학교 남성의학연구소 연구원
전 연세대학교 교육연구소 연구원
전 연세대학교 성폭력상담소 사이버상담원
전 연세대학교 학생상담소 실습상담원 및 횃불트리니티 기독상담센터 레지던트 상담원

저서 및 논문
김요완 외 11인(2013). **상담철학과 윤리: 한국상담학회 상담학총서**. 서울: 학지사.
김현아, 조영아, 김요완(2012). **북한이탈주민 가족유형분석 및 지원방안**. 서울: 북한이탈주민지원재단.
김요완(2012). 성폭력 가해 청소년의 가족체계 특징에 관한 사례연구. **한국가족치료학회지, 20**(1), 1-22.
김요완(2007). **이혼소송 중인 부부의 부부관계 와해과정 연구**. 연세대학교대학원 미간행 박사학위논문.
김요완(2000). **부부 의사소통 유형과 성 지식 수준의 성 만족도와의 관계연구**. 연세대학교대학원 미간행 석사학위논문.

현장 중심의

성상담과 성교육

2015년 8월 25일 2쇄 발행 | 2017년 8월 14일 3쇄 발행

지은이 김요완 | 펴낸이 류제동 | 펴낸곳 **교문사**

편집부장 모은영 | 디자인 신나리 | 영업 이진석·정용섭·진경민
출력 현대미디어 | 인쇄 동화인쇄 | 제본 한진제본

주소 경기도 파주시 문발로 116
전화 031-955-6111(代) | 팩스 031-955-0955
등록 1960. 10. 28. 제406-2006-000035호 | 홈페이지 www.gyomoon.com | E-mail genie@gyomoon.com

ISBN 978-89-363-1347-0(93180) | 값 15,000원 * 저자와의 협의하에 인지를 생략합니다. * 잘못된 책은 바꿔 드립니다.